亨特張

HENGTE ZHANG

说│防│范

张惠领 口述
池海波 采写

新华出版社

图书在版编目（CIP）数据

亨特张说防范／张惠领口述；池海波采写．

北京：新华出版社，2014.4

ISBN 978-7-5166-0958-3

Ⅰ.①亨… Ⅱ.①张… ②池… Ⅲ.①盗窃—预防犯罪—案例—中国 Ⅳ.① D924.355

中国版本图书馆 CIP 数据核字（2014）第 061087 号

亨特张说防范

作　　者：张惠领　池海波	
出 版 人：张百新	责任印制：廖成华
选题策划：刘志宏	责任编辑：刘志宏

封面设计：北京鸿创励治形象策划有限公司

出版发行：新华出版社

地　　址：北京石景山区京原路 8 号　　邮　　编：100040

网　　址：http: //www.xinhuapub.com　http: //press.xinhuanet.com

经　　销：新华书店

购书热线：010-63077122　　中国新闻书店购书热线：010-63072012

照　　排：北京鸿创励治形象策划有限公司

印　　刷：北京凯达印务有限公司

成品尺寸：170mm×240mm　　1/16

印　　张：16.5　　　　　　　字　　数：178 千字

版　　次：2014 年 8 月第一版　　印　　次：2014 年 8 月第一次印刷

书　　号：ISBN 978-7-5166-0958-3

定　　价：46.00 元

如有印装质量问题，请与印刷厂联系调换：010-63077101

平凡神奇一英雄
（序）

《神探亨特张》的影片火了，张惠领也火了，因为他就是亨特张的原型。

在此之前的张惠领是个普通警察，基层的探长，普通到他走在大街上，你完全看不出他是个警察，不仅你看不出来，连贼和骗子也认不出他，芸芸众生、茫茫路人，他就像影子、像一片树叶，常隐在无形之中。可就在小偷和骗子伸出罪恶之手时，张惠领这个看起来相貌平平的人，顿时变得像猎豹一样凶猛、像鹰一样的敏锐、像猿猱一样的灵活，几乎在一闪瞬之间，罪恶之手就会被锁定，吓瘫了的作案者就会一一招供，因为张"捕手"的大名，早已如雷灌顶。

这就是神奇而平凡的反扒高手张惠领，从警三十载，反扒战线上已经摸爬滚打了整整十个春秋，他和战友们破案立功无数，光抓的贼就有2400名，够装几个车厢的。

你能想象他同时保护了多少善良的百姓免遭蟊贼的侵害，也曾将多少罪犯送上了法庭。难怪百姓点赞他的神奇，而贼们惧怕他的英名。

张惠领为何有如此神通，单看这名姓：惠，"惠及百姓"，领，"绝技独领"。他抓贼擒骗，凭的是真本领。靠的是练就的手眼身法步：一双洞烛幽微的眼睛。他能从人海中一眼"叼"住贼眼，因为躲在暗处的贼眉鼠目往往是看人鼓囊囊的腰包。看背的挎袋，他却不知道，"螳螂捕蝉，黄雀在后"，猎手还有"皮感"的绝活，贼欲下手，早被粘贴近身，作案前的紧张呼吸和肢体轻微抖动，早被老辣的捕手觉察，如果动手早，贼抽手不干了，如果抓晚了，贼会抛赃否认，按老张的话叫"抓牢抓嫩都不行，要恰到'火候'"，这个"火候"，就是人赃俱获的那半秒钟，天敌狂飙从天降，"咔嚓"一声鬼神惊……

惠领的可贵之处，还在于将本领传授徒弟，他知道，如今糖多，老鼠就多；肉多，就有苍蝇，为了老百姓过舒心的日子，就得有更多的灭蝇器和捕鼠手。于是，就有了更多的张惠领神出鬼没，往往天不亮，他们就早早上班，华灯初上，他们还在街头蹲守，熙熙攘攘的人流中，或许他就在你我的身边穿梭，他们往往穿着最不起眼的衣服，有时还要打扮成各色人等,直到突然出手,扬眉擒贼那一瞬,你才发现他竟是反扒的"便衣民警"。由于他们的存在,百姓心里才踏实,因为他知道"警察就在我身边";由于他们的存在,贼们就不敢恣意妄为,因为他知道"老便"们就在人群中,说不定出手就"误了卿卿生命"。正因为张惠领和他的战友们不懈的努力,老百姓才愿意把蛛丝马迹的信息告诉他们,于是,便衣警察成了"千里眼"、"顺风耳",哪里有窃贼出现,哪里就会有张惠领们的出现,形成了"警察冲上前,百姓做后援"的警民同心维护社会治安的好局面。

如今的张惠领,又要进一步"惠及公众"、"领引防范",将他抓贼擒骗的体会经验,化作老百姓人人能掌握的"护身符",他不仅言传身教,给群众讲解,还在出版社的支持和记者朋友的促成下,完成了这本关于街头侵财违法犯罪的防范常识读本。惠领的用心良苦的确令人感动,据我所知,现代犯罪学中讲究"被害人学",即少了被害者,自然就少了加害人,在很多情况下,被盗被窃的发生往往是人们疏于防范所致,古人云:"慢藏诲盗",说的是十分贵重的东西你却轻慢地保管,就等于诱使他人产生盗窃的动机。在今天这个人、财、物大流动,物质财富极大丰富,"千车万辆通四方,火车提速英特网,霓虹闪烁夜变长,国门洞开任来往"的充满生机活力的时代,犯罪者也有了更多的可乘之机,公众一定要具有防侵害的意识和常识,无论是出差在外的公务者,还是旅行的发烧友,无论是打工一族还是上街买菜的大妈,还有我们居家的老人,上学的孩子,只要人人提高防范意识,就会大大降低违法犯罪的机会,俗话说得好:"篱笆扎得紧,野狗钻不进",我们的社会治安秩序才会更加平稳,群众才会更加安居乐业。我想:这才是神探张惠领写这本书的初衷。

谨祝《亨特张说防范》的问世,是为序。

公安部原新闻发言人
现任全国公安文联副主席

武和平
二〇一〇年四月一日

■ 全国公安文联副主席武和平与张惠领合影

前 言 ▶

作为一个记者，一生中会认识很多人。有的人，可能仅仅只是停留在工作关系上，而有的人则会成为我终生的良师益友，张惠领无疑便是后者。

从最初的接触到如今的熟悉，老张带给我的是一次又一次的震撼和激励。从张惠领身上，我看到了一个在平凡的便衣打扒岗位上干出如此不平凡事迹的民警。也让我深刻感受到海淀公安分局全体民警的辛劳和坚持。也正是首都公安干警所共有的这份精神，构筑起了平安北京这幅恢宏画卷。

老张性格内敛不善言辞，却希望天下无贼。当他告诉我，他的愿望是想把自己和战友们曾经破获的经典案例汇集成册，教授群众在日常生活中的各种防范知识时，我被他的这份执着精神所感动。作为身经百战的优秀便衣民警,老张所破获的各类街头违法犯罪案件数百起,再加上海淀公安分局的民警们侦破的案例就更加不胜枚举。如果用以案说法的形式集结成册,会大大提高老百姓的防范意识。我觉得为老张完成这个大善的心愿我义不容辞,但同时我也感到了自己肩上的责任重大。

虽说我本职是记者,靠码字为生,但职业天性让我对文字存有一种天生的敬畏感。尤其是,要把老张这样一位充满了传奇色彩的人民警察最朴素而又最诚挚的愿望实现,从业时间尚短的我感到了不小的压力。

此次,在出版社的助推下,这本书诞生了。从出版社工作人员的辛苦搭桥牵线,从公安局领导的支持,从我尚显稚嫩的文笔,再到印厂所提供的支持,这其中的每个环节中,我们都在为老张的梦想尽一份绵薄之力。

■ 法制晚报记者 池海波
2014 年 3 月

张惠领简介 ▼

张惠领，男，汉族，52岁，中共党员，大学专科学历。1980年1月参加工作，1990年4月在北京市公安局海淀分局工作，2003年1月到北京市公安局海淀区双榆树派出所工作至今，现为双榆树派出所便衣探组组长、调研员、三级警监。1992年、2004年荣立个人三等功两次，2005年、2008年荣立个人二等功两次，2006年荣立个人一等功两次，并荣获北京市"首都五一劳动奖章"荣誉称号，2007年荣获2006～2007年市局刑侦系统打现标兵，并荣获全国优秀人民警察荣誉称号，2007年、2008年荣获第五、第六届"北京市人民满意政法干警"荣誉称号，2005～2008年连续四年被海淀分局评为十佳治安民警，2010年荣获北京市先进工作者、全国公安系统二级英雄模范荣誉称号和全国公安机关爱民模范。2011年荣获首届"我最喜爱的首都人民警察"称号，并荣获个人一等功，优秀党员。2013年12月获得第四届首都道德模范提名奖。荣获2013年度CCTV中国十大法治人物，荣获2013年度正义网中国十大正义人物。

10年来，正是这种梦想支持着他不断前行。10年来，他带领探组走过了四个长征以上的距离，摸索出了一套行之有效的"打击街头犯罪工作法"在全市推广；10年来，由他本人亲手抓获或由他发现指挥抓获各类违法、犯罪嫌疑人有2400余人，打掉犯罪团伙300余个，双榆树地区的治安状况因此有了极大改善。他常说："百姓平安，天下无贼"就是他一生追求的梦想。

神探其人	P001
记者和神探	P006
神探不是一天练出来的	P015
神探"触电"	P024
神探说防范 – 街头扒窃	P034
神探说防范 – 撬砸机动车	P084
神探说防范 – 拎包盗窃	P128
神探说防范 – "抽张儿"	P144
神探说防范 – 门店、单位盗窃	P161
神探说防范 – 街头诈骗	P198
神探说防范 – 盗窃自行车、摩托车	P224
神探说防范 – "碰瓷儿"	P235

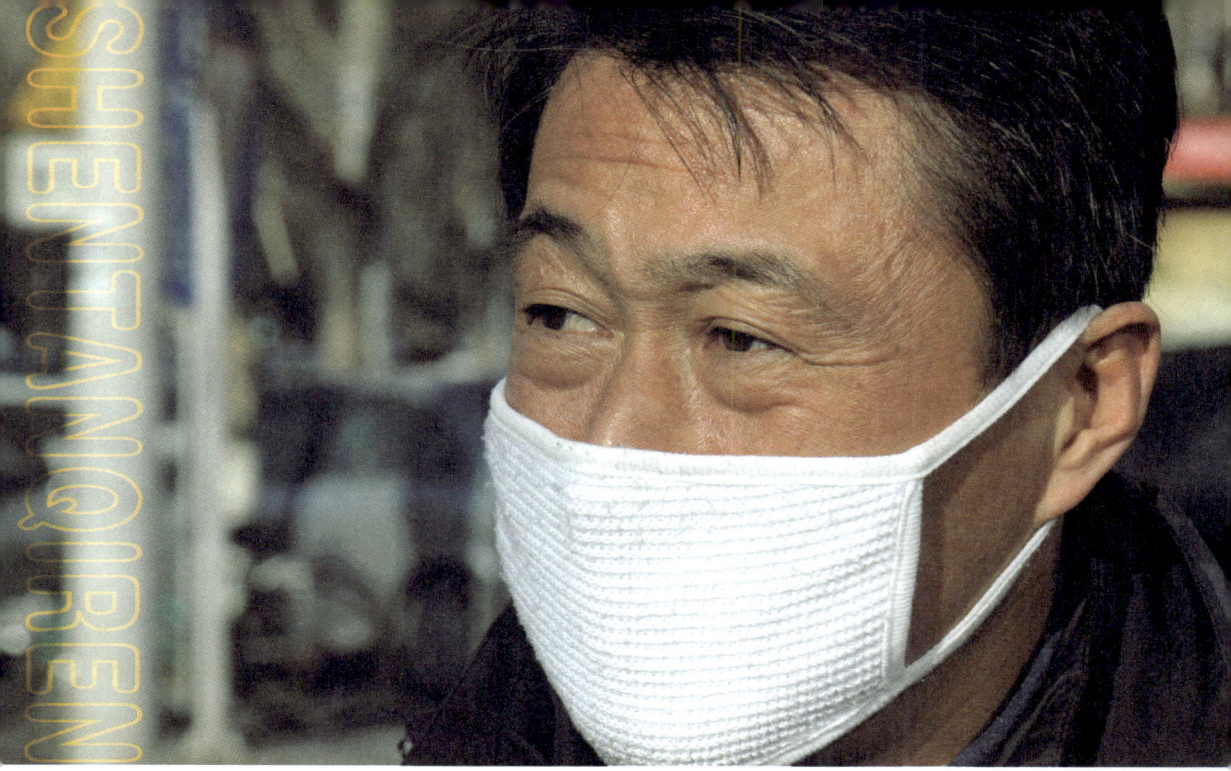

神探其人 无怨无悔的坚守

  24载的坚守，他，如挺拔的青松，用英勇无畏捍卫一方平安！

  24载的坚守，他，如清澈的泉水，把丝丝甘甜洒向百姓心田！

  平凡岗位，他忠实履职；危难关头，他挺身而出。情牵百姓冷暖，他用真诚体贴赢得了辖区群众的心；心系群众安危，他以出色业绩演绎智勇擒贼的传奇。

  他，就是便衣警察张惠领。

坚守，是人民警察的履职敬业

熟悉张惠领的人都知道，他不善言辞，却目光犀利；他从不张扬，但出手敏捷，堪称"讷于言而敏于行"那种令人敬佩的人。多年以来，无论是餐厅酒馆的拎包扒窃，还是装神弄鬼的神医诈骗，张惠领从开始发现线索到最后的成功抓捕，通常都要经过数日乃至十数日的跟踪蹲守；不论是炎炎的夏日，还是凛冽的寒冬；不论是破晓黎明，还是夜半更深，他都会默默地坚守在便衣出探的岗位上。同时，张惠领还摸索出了一套行之有效的"张惠领打击街头犯罪工作法"，不但成为海淀公安派出所打击街头侵财类案件一线民警的培训教材，而且，在市局刑侦专项工作会议上，被制作成影像资料进行播放，被市局全面推广。仅从2009年以来，张惠领带领双榆树派出所便衣打击组共抓获各类违法犯罪人员483人，打掉各类犯罪团伙50余个。他出色的工作业绩赢得了各级领导的高度赞赏，赢得了全局战友的广泛尊重，赢得了辖区百姓的赞誉。

坚守，是人民警察的赤胆忠诚

那是2010年秋天一个平常的夜晚，劳累了一天的张惠领还坚持着在超市发市场内完成打烊前最后一小时的出探任务。突然有一个熟悉的身影进入了他的视线，这是一个三年前因在超市发扒窃被他抓过的一个惯犯，没想到这家伙刚刚服满刑就又来以身试法。张惠领马上戴上墨镜，低着头隐蔽着跟踪此人。当这家伙在化妆品柜台偷完一位中年妇女的钱包转身往楼下走去，说时迟那时快，张惠领迎面扑了上去，紧紧抓住了那双肮脏的手，将钱包死死地按在这人

■ 张惠领在宣讲"我的梦"、"中国梦"

的胸前。那家伙一看碰上的是张惠领，他知道只有拼命才能逃脱，就猛地抬起右脚狠狠踹在了张惠领的左脚踝骨上，一阵钻心的疼痛使张惠领踉跄几步，险些跌倒，但他以超强的毅力忍住剧痛，一边同嫌疑人搏斗，一边大声呼叫打击组的伙伴。当同伴赶到时，狗急跳墙的嫌疑人已经与张惠领滚在了地上，嫌疑人的手始终被张惠领死死卡住，张惠领就是没容他将赃物从身上取出扔掉。伙伴们一起上手将惯犯抓获后，张惠领却坐在地上怎么也起不来了，后经医院检查，他左踝骨已经外伤性骨裂。超市发的店长得知此事后，专门买了水果来到医院看望张惠领，感动得不知说什么才好，就剩下了一句话："老张您真棒！警察真棒！"张惠领却微笑着说："我是警察，到了手的贼怎么能让他跑了呢？"

张惠领是这么说的，也是这么做的，在一次次抓捕嫌疑人的过程中，他的腿经常被嫌疑人踢打致伤，由于他身患糖尿病的体质，腿上的瘀血很难消除，时间一长，他的双腿皮肤落下斑斑点点的伤痕，有的人称他的腿像"梅花鹿腿"。

坚守，是人民警察的爱民情怀

一次，麦当劳发生一起"假钞"案。麦当劳的收银员原来是该店清洁工，人已过中年，多年辛苦，刚刚升任了收银员位置就遭遇"假钞"案，眨眼之间损失700元钱，店经理一怒之下准备辞掉这个收银员。收银员痛哭失声，没有工作就没有了生活来源。闻讯赶到现场的张惠领赶紧找到经理，动之以情，晓之以理，终于说服经理收回成命。张惠领知道，尽管案子不能一时破获，但保住了女工的工作，就会多一个第一时间发现嫌疑人的信息员。还有一次，永和大王快餐店发生扒窃案，破案中需要调取快餐店录像发现疑点。为便于反复观看有疑点的视频片段和固定证据，张惠领的队员想请店里的员工帮助刻录几张光盘。但是店员面露难色，被细心的张惠领看在眼里。他随即明白，调取录像刻盘取证是一件长期的工作，一张光盘虽然不贵，但时间长了也是一个不小的投入。一个小店员收入微薄，生存不易，不能为了破案再给他们增加经济负担，也不应当给店里增加成本。于是，从那天起，他不论到哪家店铺调录像刻盘，都是自带U盘、自费刻盘，然后再利用光盘分析案情，并对店内员工们进行培训，不仅提升了他们的安全防范能力，更赢得了员工们对张惠领打击组工作的敬佩和支持。

从2004年负责双榆树地区便衣打击街头违法犯罪活动工作那天起，张惠领就带着队员们天天在社区里转，辖区里最繁华、也是贼最易出没的华星影城停车场、沙锅居饭庄门口、知春里路口菜市场，也是贼们的"露天聚点儿"。在这日复一日的巡视中，看见车主跟停车场看车师傅吵起来了或是卖东西的小商贩与顾客发生争执了，他就上前劝解，化解矛盾；看到刮风下雨大路边的报亭岌岌可危时，他赶紧上前帮着报贩收铺打烊；看到曾经被人用假烟调包的烟店还没有安装摄像头，他就跟店主商量尽快安装……时间久了，双榆树地区街边餐厅饭馆的服务员们、门脸店铺的小商贩们，还有修鞋的、卖报的、手机贴膜的……都认识了张惠领；时间久了，他们对张惠领说："张大哥，需要我们干什么，只要您一句话！"张惠领总是笑呵呵地说："我是咱这片的警察，要是您看见什么，马上给我打个电话就行啦！"他随后就会给他们一张自己特制的联系卡。时间久了，辖区百姓都成了他抓贼破案的"千里眼"和"顺风耳"。

斗转星移、年复一年的坚守，换来的是辖区的安定；风餐露宿、风雨无阻的坚守，换来的是百姓的安宁。这就是张惠领，一个普通的首都人民警察，一位用坚守赢得民心的人民卫士！

"几年来我坚守打扒一线，只是尽了我应尽的职责，而各级领导给了我无限的关怀，人民群众给了我金子般的爱。几年来，我荣立了个人一等功、二等功、三等功，荣获了全国优秀人民警察、全国公安机关爱民模范先进个人、全国公安系统二级英雄模范等荣誉称号。而且，让我最难忘的是2007年辖区选举人大代表时，两百多名辖区群众自发联名推选我；让我更没想到的是去年公安部开展全国公安机关爱民模范网络评选时，我获得了320多万张选票……我一个普通民警何德何能，能够得到社会群众如此认可和厚爱，我只有更加努力地工作，永远向前、向前。如果说斗转星移、年复一年的坚守，换来的是辖区的安定；风餐露宿、风雨无阻的坚守，换来的是百姓的安宁，那么我愿意就这样一生无悔地坚守下去，永远做首都百姓的忠诚卫士！"

——张惠领

■ 神探张惠领与记者池海波合影

记者和神探 神探"伪装"
——站在人堆儿里看不出是警察

>> 初次相见 这个神探"不太冷"

初识神探，还是有点小小的"失望"的，这个秘密一直到现在我都还没告诉过老张。

那是几年前的一个夏天，对于神探张惠领的传奇事迹早有耳闻，数年间抓获千余名违法犯罪分子，多次在制止街头犯罪时和嫌疑人正面较量……这一系列

>> 说防范 亨特张

的故事，让我自己在心目中把他想象得无比高大威猛，觉得老张应该是一个办事风风火火又十分睿智冷峻的大侦探，至少嘴边要叼上个烟斗，一身肌肉赛过施瓦辛格的警官，这才符合我心里福尔摩斯的形象。

一次偶然的机会，我居然发现他的管片儿就在我家楼下！英雄原来就在身边！

于是，作为记者的我开始联系老张，电话那头，老张不温不火地说自己正在电影院附近巡逻。我急忙收拾好相机，一路小跑下楼去"追寻英雄"。

在四通桥附近的一家影院前，我环顾了半天没发现目标，立即拿起手机，百米外，一名中年男子开始向我招手。我眯起眼睛一看，这个身材较瘦面容黝黑的男子竟然会是抓了上千名违法分子的神探？老张或许并没有察觉到我的诧异，他伸出右手，礼貌地同我握了握手。我开始上下打量老张。

虽然已经过去很久，但那时老张的形象还是刻在了我的脑海里。老张穿着一件深蓝色的短袖T恤，不时用手帕擦汗，扎在人堆儿里不可能一眼看出来他就是神探本尊。

这时的老张并没有不自然的神情，他用左手上拴着的帕子擦了擦头上的汗。我们便聊了起来，他详细向我介绍自己的管界范围，说话声音不大，像是娓娓道来，并不是那种气吞山河、中气十足的语气。那时老张给我的感觉是性格太内敛，不善言辞，基本上我们谈话的内容都是在一问一答的形式中进行。而且老张的话语似乎也比较简练，尽管我用眼神鼓励他继续说下去，但我发现他除了直接回答我的提问外，再没有多余的话语了。

而这时的一个细节，让我对老张的印象有了进一步了解。老张说:"这么热的天儿,跟我一起巡逻,喝瓶水吧。"当时我们是在一边聊天一边巡逻,张哥并没有刻意走进哪家商店,因为不好意思让老张初次见面就破费,我赶紧抢一步上去拿出零钱准备买矿泉水。结果老板一看老张也要付账,竟然热情地对我说:"这水我请了!"最终老张还是把钱放在了柜台上,走出商店的时候老板还热情地将我俩送出店外。

"记者要有质疑精神!"我心里暗地想着,一定是碰巧这家老板和老张熟悉。可是一路巡逻下来,我最终认识到自己错了。无论是报亭里的大妈,还是街边修鞋的老叟,甚至过街天桥上偶遇的路人,都和老张点头微笑示意,有时候还停下来聊上几句。一路上,老张不住地露出微笑,不时与大伙点头示意,简直是这里的亲善大使!

原来,这个神探是个走亲民路线的警官。"平时办案子经常碰面,他们也给我提供线索,都是熟人了。"看到我有些诧异,老张笑着说道。

>> 一块儿巡逻 这个神探"命真苦"

我从兜里掏出一包烟递给老张,自己也拿了一根出来,老张却摆了摆手说自己不抽烟。综合我这些年跑公安战线的经历,越是声名赫赫的警官,其实工作强度压力也越大,烟似乎从来都没和他们分开过。可是老张却说自己不抽烟。

我点燃香烟,刚刚深吸一口,却听老张说:"以前最多我一天三包烟,后来戒了,这不?还戒出哮喘的毛病了!"

一口气儿没上来,我被自己吸进去的烟给呛着了,戒烟能戒成哮喘?!头回听说。那这个神探有啥爱好?"抓贼!"老张笑着说。

这也算爱好？！真乃奇人也！

由于当时天气太热，我和老张巡逻了一会儿，汗水就把上衣浸透了。我建议一块儿找个有空调的地方坐着聊聊，吹吹冷风。可老张却有些为难地告诉我，他出入忽冷忽热的环境容易诱发哮喘，所以他夏天从来不在有空调的地方待着，宁愿多在管片里巡逻几圈。"您这天生就是巡逻的命啊！"我笑着和老张说道，并开始询问老张的身体情况，这时才知道，年近50的老张常年在街头巡逻风雨无阻，落下了一身的病根儿。除了哮喘，老张还有糖尿病，每天巡逻都得带着药甚至是针剂。

听到这些，我久久说不出话来。扪心自问，有时天气太热我不愿出门，遇到天寒地冻我能在被窝里赖上好几个钟头就是不起来。可是眼前这个已经和我父辈岁数相仿的老张，竟然在这样的身体条件下每天坚持站岗。忽然间想起一句话："在老百姓心里，你是一座山，一座大家都可以依靠的大山！"

老张在跟踪可疑人员时，有时也会用上汽车。当老张打开车门时一股热浪袭来，同样是因为哮喘，他即使在车里也不会开空调。老张从车里摸出一个银色的方块，我凑近一看原来是一个DV。老张说，这么多年来，他就是用这个武器，将一个个不法分子的违法事实定格，让他们在事实面前无从狡辩。

>> 坐下聊天 这个神探"心思细"

和老张在辖区巡逻了一个钟头，我已经明显感觉两脚酸软，而他却已习以为常。看到我的脚步逐渐慢了下来，张哥示意我在路边的一个长椅上坐下歇歇脚。

>> 亨特张 说防范

"张哥，我特好奇，你平时是怎么能发现那么多贼的啊？"我拍了拍张哥的胳膊，笑着说道。结果，这句话就像是打开了他的话匣子，张哥的话一下子多了起来。

走路看起来心不在焉，眼神却总盯着别人背包的，可疑！菜市场不挑菜，拿着报纸来回溜达的，可疑！挨个门店进了出，出了又进的，可疑……讲起这些，张哥的话似乎没完没了。他还用一次次的实战经历向我描述抓贼的过程，当他告诉我一个贼在街上一路溜达紧盯别人挎包，一个不留神竟然撞在电线杆上的丑态时，我笑得前仰后合。当他告诉我一次在制服嫌疑人之后却发现自己站不起来最终被诊断为腿骨骨裂时，我的心也揪了起来。

"张哥，你负过伤吗？"我皱起眉头问道。此时的张哥也讲到了兴头上，他撩起裤管向我展示自己的腿部。我这才发现，他整个腿上布满了伤痕，似乎每个伤疤都在无声地向我讲述着他抓贼的一个故事。看到我的担心，老张又赶紧和我开起玩笑，"他们都说我这腿是梅花鹿腿呢。"

告别张哥，我一个人走在回家的路上，心情久久不能平复。我一遍遍地叩问自己，如果是我，我能像张哥这样执着吗？我能在面对歹徒时临危不惧勇往直前吗？

我犯嘀咕了，但我知道，张哥能！

我拿起电话，用颤抖的语气说道："张哥，我就住派出所对面，今后我没事就来看您……"

>> 神探"变身"—有案子时极端忘我投入工作

和张哥接触了好久，却从未和他一起办过案子。每次，几乎都

>> 说防范 亨 特 张

是张哥抓完坏人后,我得到消息迅速赶到现场,听张哥向我描述他抓捕行动的经过,远远地在讯问室外看一看坏人都长啥样。时间久了,我逐渐和张哥熟悉了,有时我甚至会埋怨几句,这么刺激的行动为啥不叫上我?

张哥显得有些不好意思,只是笑着说自己顾不上,当时心思全在案子上了。对于张哥这句话,我一直半信半疑,直到有一天……

>> 偶遇案情 一路小跑跟神探

冬季的北京天黑得很早,晚上6点多的双榆树北路上已经灯火通明。阵阵寒风刮过让我不自觉地缩了缩脖子,此时街上的路人也少了下来。因为领导的指派,让我完成一篇讲述如何防范冬季街头扒窃的稿子,我自然而然地便想到了"大拿"张惠领。

按照事先的约定,我来到双榆树派出所旧址,老张已经在这里等候我多时了。我开始就稿子上的疑问和张哥交流,张哥也正在细致地和我解答。突然,张哥的手机响了。张哥接起手机,眉头立刻皱了起来。"好,我马上过去,你们给我盯紧喽!"撂下电话张哥不再言语,一挥手示意我跟着他走。

我被张哥接电话前后的表情镇住了,那熟悉的微笑没有了,整个脸色铁青。他快步走向一旁天桥下,瞪着眼睛注视着天桥上的一举一动,而我则是一路小跑跟在后面。这突然的变化之下,我看着张哥严肃的表情,竟被吓得不敢说话,连大气儿都不敢喘出来。张哥又拿起电话,开始布控:"你跟上他们,注意观察他们是不是有车,别惊动他们!"

虽然我还不知道发生了什么,但这一切很明显地告诉我,我碰上张哥办案了。正在我激动的时候张哥又加快了步伐，我只能小跑着跟着他，一直从四通桥跟到了联想桥。期间张哥的电话一直没断，言语间也显得十分急促，"你到哪儿了？""怎么还没跟来！"一句一句听起来既严肃又责备的语气，和往日里我见到的那个十分亲民的神探判若两人。

忽然，我看到远处两个黑影正在鬼鬼祟祟地向前奔去，张哥一边拿着手机一边跟在身后，这时和张哥一起的同伴也骑着自行车从四面八方向两人靠拢。

>> 警车满员 骑自行车追老张

我发现两个黑影跑到路边的一辆黑色轿车旁，轿车车门突然打开，两人迅速钻进车内。不好！嫌疑人这是要驾车逃跑了！

只见黑色轿车从联想桥往南驶去，老张急了，冲着电话那头喊了起来："警车呢？怎么还没到？快！要快！"我眼睁睁地看着黑色轿车消失在车流中，预感这伙人已经成功潜逃了。正在这时，一辆闪着警灯的面包警车呼啸而至，一阵刺耳的刹车声后车门迅速打开，老张和刚刚几个骑着自行车的同伴立即跳进车里。就在我也打算上车时发现车已经塞不下人了。我刚"哎"了一声，车门就已经关上呼啸着远去了。

我急中生智，操起刚刚上车的保安还没来得及锁的自行车，竟然想蹬着自行车追着警车前去一探究竟。说来也巧，那时正值北三环的交通晚高峰，那辆黑色轿车被堵在联想桥南的第一个红绿灯处动弹不得，警车从便道上包抄过去，其余骑着自行车的保安也赶了过来。

我使劲蹬着自行车，生怕自己错过了抓捕的现场。那边警车已经将轿车逼停，老张迅速跳下警车，轿车里的嫌疑人眼看前有警车，后有其他车辆堵着，准备弃车逃窜。没想到刚一开车门，老张便熟练地一把将司机按住，顺势还将车钥匙拔了下来。其他保安也一拥而上，分别控制住车后座上的两人。

我来不及找地儿放车，直接跳下自行车从怀里抱出照相机，虽然双手还在激动地哆嗦，可是还是一阵闪光按动快门。自此，一张张让我得意的抓捕现场的鲜活画面被我捕捉，还顺利地登上了第二天《法制晚报》的版面上。当然，由于张哥是便衣民警，当时所有的人包括嫌疑人，面部最终都进行了处理。

>> 审完嫌犯 大伙错过饭点儿

老张忙着把两人押送回派出所，而我又骑着自行车一路飞驰，等我到了派出所嫌疑人已经分别进了讯问室。原本以为大功告成的我，靠在派出所的门上开始喘气儿，肚子这时也咕咕叫了起来。我的胃开始提醒我，到了晚饭时间了。

可这时的老张似乎并没有结束工作，在其他民警讯问嫌疑人的时间里，他把目光又定格在刚刚开回来的这辆黑色轿车上了。我眼看着张哥打开车门，在手抠等地方却并没有发现什么。没想到张哥并没有就此住手，只见他戴上手套，开始在座椅上细致地一遍遍触摸，终于他似乎摸到了什么，将座椅套一掀开，四五部手机赫然出现在我面前。

然后，张哥又打开后备厢，搜寻了好一会儿，竟然又找出来几把镊子。和普通的镊子不同，这几把镊子更长，在镊子头上还粘着

>> 亨特张 说防范

胶带。根据我多年跟张哥混迹的经验，我知道这就是他们的作案工具了。在镊子上加胶带，就是增加摩擦力，一旦夹住东西就不容易脱手。

老张将搜出的物品一一拍照记载清楚后，又回到审讯室里和其他民警一起讯问嫌疑人。半个多小时过去后，老张看见我还站在门外，便出来和我介绍了大致经过。原来，这两个蟊贼专门在天桥上盗窃手机。刚刚得手就被人发现，老张随即带着保安前来抓捕。

等老张忙完手头的工作，我看了看手机，已经是晚上快9点了，我早就饿得前胸贴后背了，可老张却和没事人一样，又进入审讯室参与起审讯工作来。晚上10时许，老张从审讯室出来，告诉我自己下班了，还问我现在几点了。我笑着和他说都快10点多了。老张也是一愣，"吆，咱错过派出所食堂的饭点儿了，我请你吃拉面去？"

吃完拉面，已经入夜。告别了老张我向家走去，终于明白，老张为什么说，有时候顾不上叫我了。

>> 说防范 亨特张

神探不是一天练出来的

24年的执着坚守，张惠领换来一般民警难以企及的各种荣誉。回顾从穿上警服到现在的经历，被大伙称作"神探"的老张，只是淡淡地说了句——"我就是个抓贼的……"

>> 母亲从小言传身教

张惠领曾经谦虚地说，他这辈子优点其实不多，但他觉得，自己干事执着认真，只要认定的事情，就一定会上心去做。

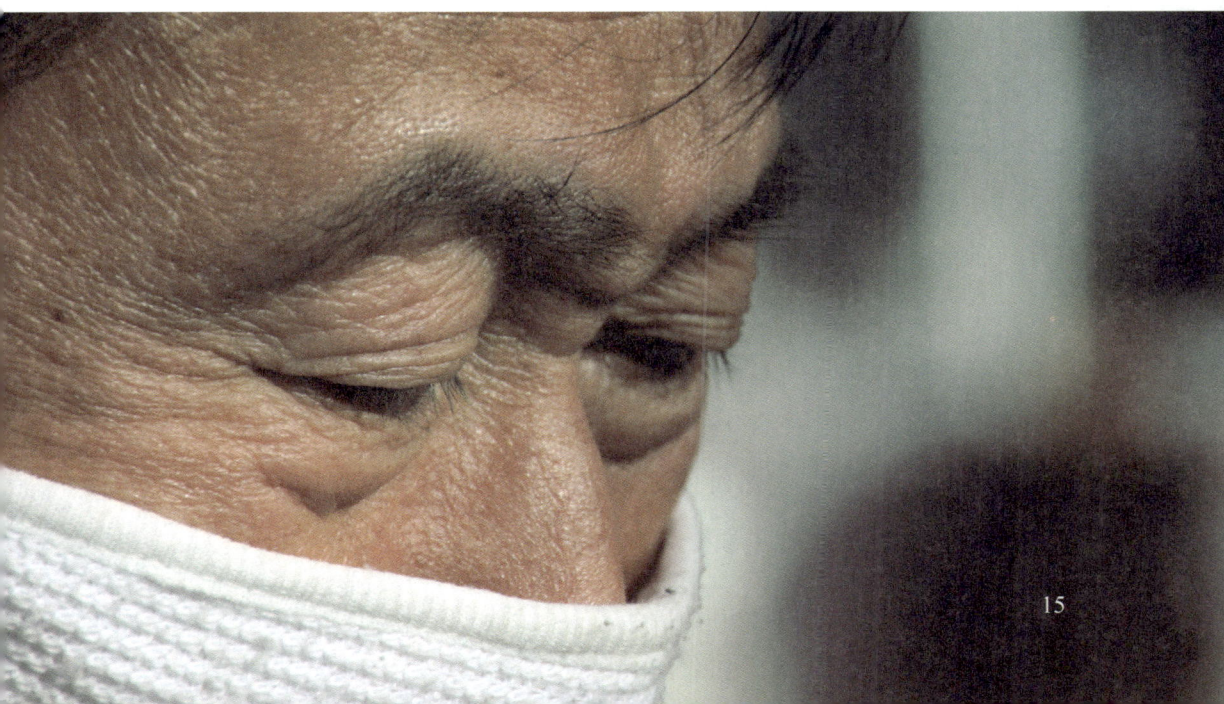

"我估计这是受我母亲的影响。"张惠领回忆起自己小时候的生活。小时候，张惠领的母亲曾经在甘家口商场当小组长。在他的印象中，母亲总是会提前两个小时就去上班，下班就更没点儿了。

"母亲特别敬业，好多她的同事都喜欢和她一起工作。"老张回忆起小时候的情形，清晰地记着母亲当时忘我的工作态度，"几乎每天都是我们一家人都吃过晚饭了，母亲下班才回来。"

母亲让张惠领触动最深的一件事，就是有一次一家人收拾屋子，结果找出了一大摞献血证，翻开一看，才发现原来都是母亲的。"我们那时才知道这事，可老人家从来都没有和我们提起过。"老张说，母亲这种敬业、谦逊的精神对他自己的影响，这辈子都难以磨灭。

>> 酷爱警察职业

"这么多年了，你要问我都做了什么，简单来说就俩字——抓贼。"老张摊开双手，显得特别轻松平淡。

从小，张惠领就觉得，男孩子不当兵就应该做警察，穿着制服那才叫帅！1980年，18岁的张惠领高中毕业后没事干，母亲便对片儿警说，想让儿子跟当联防队员。

在社区联防队干了几年后，一家人都觉得他不能总当临时工，就让他到了别的单位。可后来派出所又组织各单位搞共建联防，于是在单位老张又进了联防队，还是跟着警察一起上夜班抓贼。

在联防队当队员七八年，当时张惠领也抓了不少贼，在辖区里也是小有名气。周围不少和他认识的警察劝他报考公安局，在大伙的鼓励下，就这样，老张对公安这行特别是抓贼，有了兴趣，于是，在1989年，他就报考了学校，毕业后被分到万寿寺派出所。

>> 巡警生涯练就神探火眼金睛

从学校毕业后，张惠领先后干过3年的社区民警、治安民警，然后又去了公安部研究所，在那里又干了7年时间。他当时的工作主要是管设备。不到30岁的张惠领，总觉得自己在机关工作太单调，总想着回到一线继续工作。

后来，张惠领被调派到万寿寺一带当巡警，这段时期是他成长的关键期，在那10年，张惠领几乎接触了所有类型的违法犯罪，熟悉了各类犯罪的作案手段。

回到一线工作后，张惠领才真正体会到一线真不是轻易就干得好的。当时，张惠领所分管的地区，是北京有名的治安乱点。每天他都要忙到深夜才能回家，实在累得不行了，他便学会了靠抽烟提神，一天最少要抽掉两包烟，如果要熬夜的话，有时甚至三包烟都能"消灭"掉。

抽烟只能提神，可辖区里各种案子也让张惠领忙得焦头烂额。每天都是着急上火的，所以只能靠喝水缓解压力，不管到哪儿，他第一件事就是找水，然后一仰脖咕咚咕咚灌下几口水。就在那几年里，老张经常是一手夹着烟蒂，一手托着水杯，两只手都被烟熏得焦黄，嘴唇上也老是口疮不断。

2003年，张惠领在调往双榆树派出所时，已经练就了一身本领。

回忆起自己第一次立三等功的故事，张惠领腼腆地笑了。"那事儿真是一个突发事件。"张惠领不好意思地挠了挠头，"那天我看到一处楼房的窗户冒出滚滚浓烟。我知道这家平时只有一个半身不遂的老人，就赶紧三步并作两步地往楼里跑，一脚踹开门，此时老人身上的衣服已经起火，我背起老人就往楼下跑。老人安全得救，我连帽子都跑掉了。"

>> 双榆树首次上岗抓获盗窃团伙

双榆树派出所副所长李富强回忆起老张2003年才来派出所时的情形，仍然是记忆犹新。

为了让张惠领能及时熟悉辖区环境和特点，李所长安排他先在值班大厅负责接电话。张惠领刚坐下没多久，就有一个事主前来报案，说在超市里丢了钱包。老张刚登记完案情不到几分钟，又来一个事主说自己手机丢了。

老张当时就觉得，这贼肯定没走，估计还会在这附近继续作案。于是，他赶紧拿起电话联系李所长，两人就一块儿换上了便衣前往超市。

果然，刚到超市，老张就锁定了一男一女。女的贼眉鼠眼，眼睛不看商品，只盯着顾客的书包和衣兜，男的故意敞着衣服。老张远远地跟踪观察着，这一男一女出了超市，男的把衣服一掩，就在这一瞬间，男的扔了一个空钱包。这时候路上又发现了两名男子，貌似无所事事在车站站着，但眼里放着贼光，老张立即断定肯定是给那一男一女望风的。

没多久，三男一女进了当代商城，副所长立即回所组织警力，老张就跟着贼进了一家饭馆，买了一碗粥喝起来，这也是掩护。贼走出饭馆后，老张也不声不响地跟着。忽然，那女人假装甩了一下包，掩护那男的瞬间又偷了一个钱包。这时，副所长已经带人赶到。

就在大家准备抓捕的时候，那男子又把上衣一敞，挡住别人视线，女的趁机又偷到了一个钱包，四个贼眼神一交流要溜，民警立即上前把他们摁倒在地。根据他们的交代，民警又连夜扑到贼窝，又抓获二男一女，那次仅搜到的女式挎包就有30多个。

这也是惠领来到双榆树派出所后，破获的第一起盗窃案。

>> 差点几次都"还不了阳"

接连干了好几起漂亮的案子,张惠领算是旗开得胜。

所长找到老张,说辖区内大型场所多,各种店铺几千处,而且交通四通八达,通过的公交线路多,贼也喜欢来,所里准备成立反扒组,让他带着几个人一起干。一听领导这么看重自己,年轻力胜的张惠领兴奋不已。

后来,领导告诉张惠领,当时所里对他的期望就是希望他带领的反扒组,每月能抓4个贼,好好震慑一下社会环境。可令大伙没想到的是,那几个月里,反扒战果最多的时候一个月就抓回了24个贼。所里领导一看这情况,直挑大拇哥夸老张,但也开始嘱咐他注意身体,别把自己累坏了。

有一次,老张在华星影院周边发现了几个贼,他紧跟着兜了四个城区,一直跟到宣武琉璃厂商业街,最后在一条黑胡同里、以百米冲刺的速度跑步追贼,一直追到和平门地铁口,和同事一起,把这几个刚作完案的贼当场抓获。

可贼一抓到,张惠领就昏了过去,原来是吃了降压药却忘了吃糖,导致了严重低血糖症状。战友们赶快拿来甜饮料给他喝,却不见好转,老张说:"还不了阳了,把我送家去吧。"当战友们含泪把他背回家时,已经是后半夜了。媳妇第二天看他恢复过来又要出门就开始埋怨,但最后还是在他兜里放了几块糖,因为她知道,什么病痛也阻挡不了老张上街抓贼。

"警察这职业我是越干越上瘾,喜欢,而且看到活儿就感兴趣,非得干好了干完了才成,不然连觉都睡不踏实,这辈子就是受累的命。"老张说。

>> 长期投入工作落下病根

张惠领从小喜欢运动，篮球、排球、羽毛球、滑冰没不会的，40岁了还能踢足球。以前他还喜欢跳交谊舞，还参加过数次中日青年大联欢。有一次抓贼，老张还故意追在贼后面，刻意保持着两三步的距离跟着贼跑了两公里，最终把贼累得瘫倒在花坛边上，气喘吁吁地直摆手："不跑了，跑不动了，我认栽了，你抓我吧！"

但随着长年累月超负荷地工作，老张渐渐觉得自己的精力有些力不从心了。前几年他戒掉了烟，但还是落下了顽固性哮喘的病根。有一次在停车场蹲守了三个多月，让汽车尾气给熏得鼻子难受。最后不得不接受了鼻腔手术。直到现在，夜里还经常喘得睡不着，挎包里总装着治疗哮喘的喷雾剂，关键时刻救命用。

2011年4月份，张惠领抓完一拨儿贼回到所里，人就虚脱了。坐在自己办公室里，老张觉得天旋地转，他想喊同事来帮忙，却发现怎么也说不出话来。一起身，结果两腿一软，扑通一下就摔倒在地上了。豆大的虚汗顺着脸颊滴在地上，老张奋力地在地上爬了十几米，从自己的办公室爬到值班室门口，使出浑身的力气拍门，这才被同事们发现。

同事赶紧把他送进医院抢救过来。命是保住了，可住了一个多礼拜院，张惠领又照常上街抓贼了。

张惠领对于抓贼的"执着"，让媳妇是又爱又恨，媳妇曾对他说："别人是喝茶上瘾，抽烟上瘾，你是抓贼上瘾！"

随着名气越来越大，前来采访的记者也越来越多。一次，一位记者来到社区里采访，有位在路边摆地摊卖鞋垫的老人跟我特别熟，老人把他比喻成电视剧《神探亨特》里的亨特，从此"亨特张"的称呼就这么传开了。

其实,"神探亨特"是二十世纪八十年代末期风靡中国的一部警匪剧《神探亨特》里的主人公。只是美国的亨特抓的是杀人越货的重犯,中国的亨特张管的是偷窃诈骗的"蟊贼"。将"亨特"嫁接到"张"上,透着辖区内人民对张惠领的亲切和尊敬之情。

□ 张惠领工作间隙服用糖尿病药

>> 老百姓当他抓贼的眼睛和耳朵

平时,老张电话多、抓贼也多,其中有很多都是老百姓打来提供线索的。难道老百姓个个是"张迷"?为什么都能主动给他提供线索呢?因为老张是老百姓心中最信任的便衣警察。

2004年,从负责双榆树地区的便衣打扒工作那天起,老张就带着保安员天天在社区里转,辖区里最繁华、也是贼最易出没的华星影城停车场、沙锅居饭庄门口成了他们的"露天聚点儿"。一天到晚在马路上,看见车主跟停车场看车师傅吵起来了、看见卖东西的小商贩与顾客发生争执了、看见食客跟餐馆服务员发生纠纷了,老张总是以一个过路人的身份上前劝阻,"分别站在双方的角度劝劝,让他们都消消气儿"。有时候当事人的气儿是消了,但又拉着老张在一旁唠唠叨叨说个没完没了,老张也耐心听着,还入情入理帮当事人"评评理"。

久而久之,双榆树地区街边餐厅饭馆的服务员们、门脸店铺的小商贩们,甚至修鞋的、卖报的、手机贴膜的……大家都知道在双榆树的地界儿有一位爱管闲事儿又公道讲理的老大哥。而直到亲眼

>> 亨特张说防范

张惠领为希望小学的孩子们讲授法制课

看见老张抓贼时，才恍然大悟，"原来他是便衣警察呀！""那个爱管闲事儿，又公道讲理的老大哥是便衣警察！"就这样一传十、十传百，老张在辖区老百姓心中留下了深刻印象！

双榆树辖区面积不大，但大小门店林立，繁华与喧嚣充斥着整个街道，每天要到很晚才恢复宁静。为了确保辖区平安，老张的作息也因此而变化，"每天早晨9点上班，晚上9点以后才下班，上班直接来辖区，下班直接从辖区里走"。一年四季天天如此，夏天热了，就在树荫下躲躲太阳；冬天冷了，就穿上他那件最厚的灰色羽绒服。街边的老百姓看在眼里，疼在心里，总有人关切地问候老张，也总有人说，"老张，需要我们做什么，只要您一句话！"

便衣警察需要老百姓为自己做什么呢？老张总是笑呵呵地说："要是您看见什么可疑情况，马上给我打个电话就够啦！"从此，老百姓成了老张抓贼破案的眼睛和耳朵。接到老百姓反映可疑情况的电话，老张哪怕再忙也会第一时间赶到现场。

老百姓每一双眼睛都分分秒秒关注着身边的异常，他们不但愿意随时为老张提供线索，还想多跟老张学"两招儿"。一次，有两个饭馆服务员发现了一个偷包贼，老张接到电话后立即赶到现场，经过仔细观察这是一个3人盗窃团伙。嫌疑人抓获归案后，这两个饭馆服务员居然"打起来了"——"我说另外那俩人也是，你非说就一个人！"

>> 说防范　亨特张

老百姓心里有老张，也都想帮老张为辖区平安出把力！一次，正跟踪嫌疑人的老张只是悄悄跟修鞋的赵师傅说了句"一会儿抓他"，谁知不一会儿，街边摆摊的、卖报的、烤串的，一群人"呼啦"一下把那嫌疑人围住，甚至有一名抱着孩子的妇女还给了嫌疑人两拳！老张是又急又笑又感动，"不过，从那以后，我再也不敢轻易说要抓贼的事儿了。"老张笑着说，"怕他们受伤，也怕把嫌疑人给打坏了。"

>> 顾不上小家感觉亏欠妻子

工作如此繁忙，当然顾不上家，长此以往，爱人心中有怨气。老张也年轻气盛过，开始两人也为这个红过脸吵过架。后来老张逐渐明白了，爱人不容易，既然自己顾不上家，就要有被"妻管严"的勇气。

有一年春节老张值班，初二时，爱人打电话问，老张说回不去，初三又打，老张还说回不去，一直过了初十才回家。这一次妻子算是彻底明白家里指不上老张了。爱人开玩笑地说，她们娘俩儿是有山靠山，没山独立。

现在，只要老张在家休息一天，爱人就会开他的玩笑，说"你怎么还不去抓贼呀。"老张也只好赔上笑脸，半天说不出一句话来。看到老张难为情的表情，妻子便会又咯咯地笑起来。

"我觉得愧对家人，除了生活必需开支，我把工资全部交出，对家只能有这点儿贡献了。"说起这些，老张的语气显得有些低沉，"其实，我能有今天的成绩，离不开爱人对警察工作的理解。"

>> 亨特张 说防范

神探"触电"
——成了明星却仍投身公安事业

■ 书法家为亨特张送墨宝

2011年8月24日,根据张惠领个人事迹创作的电影《神探亨特张》签字仪式在海淀公安分局举行。著名导演高群书担任本片导演。

》仪式现场
社区群众自发前来祝贺

当天9时30分,签字仪式开始。不少双榆树地区的群众自发向张惠领祝贺,年过七旬的苏大爷将自己亲笔题写的"众志成城"牌匾现场赠送给亨特张,上周找回被盗电动车的事主也赶来赠上锦旗。张惠领只是笑着道谢,颇有些"羞涩"。

>> 说防范 亨 特 张

》对话导演
他对事业的专注感动了我

为拍好影片,导演"随警作战"。

问:为什么要拍张惠领?

高群书:我跟了他一个星期,上街抓贼,维护治安。一个民警能专注职业这么多年,淡泊名利。他的那份幽默和对事业的专注深深感动了我。

问:你跟他上街抓贼了?

高:真事儿。七夕当晚,他对一位买花女士起了疑心,我当时不以为然。后来跟踪发现这名女士买花是假,使用假币是真。这人落网后搜出7张假币,当天有6个卖花人报案。事后他告诉我,七夕大多是先生买花送女士。这位女士买花时还东张西望,前后和几个卖花人接触很不正常。他的观察和推断我服了。

问:你觉得他是个怎样的人?

高:惠领是个具有特殊气质的人,我喜欢他。

》创作团队
要还原真实"亨特张"

担任电影编剧的海淀公安分局原政治处副主任代雁、李海波,一直想把张惠领抓贼的经历拍成电影。一次偶然的机会,他认识了影视制作人赵广忻,大家一拍即合,决定将张惠领的事迹搬上银幕。

今年春节过后,代雁耗时3个月写出2万多字的剧本,又修改了6遍形成初稿。他说:"我就是担心这么鲜活的素材写得流于形式,不能还原一个真实的张惠领。"

>> 亨特张 说防范

反扒民警也会有恐惧，特别是面对死亡的危险时。张惠领身患哮喘病，一次他因连续加班而发病，用尽随身药物也无法控制病情，瘫倒在派出所的走廊里。"张惠领说他当时真怕了，怕再也起不来了，拼着命爬到值班民警办公室砸门获救。我把它写进了剧本。"代雁说。

制片人赵广忻告诉记者，他得知高群书想执导一批反映社会小人物故事的电影后立即送上剧本。两天后，高群书答复要执导该片。"他是大腕，在薪酬上我们也曾担心。但高导表示薪酬无所谓。"

》社区随访
"亨特张"表现很"淡定"

听说张惠领要"上"电影，同所民警都很兴奋。"没想到张哥倒特淡定，跟没事人一样。"双榆树派出所副所长刘军说，"就像他当年荣立个人一等功、公安部二级英模一样，该干吗还干吗。""张哥要上电影了？"听说张惠领要"上"电影，在双榆树附近开小卖部的石大姐抑制不住喜悦地说，"天天帮我看店的张哥要成大明星了！他怎么也不跟大伙念叨念叨啊？"

石大姐2003年从老家来京开起了小卖部，当时门口存放的自行车经常丢失。有时她虽然看见小偷但因害怕报复也不敢言语。自从张惠领来了，石大姐再没见过贼，车也不再丢了。"以前店里不敢离人，现在要上厕所叫一声，张哥就跑来看店。"石大姐说。"张哥要上电影了！咱在门口的电影院就能看到他了！"石大姐向旁边修车的李师傅喊道。"是吗？这辈子没进过电影院，这回我得去看看！"李师傅停下手里的活站起身来，"我得赶紧跟大伙说说去。"

≫ 说防范　亨 特 张

≫ 对话张惠领
"荣誉是大伙给的"

昨天下午，在双榆树开业时间不长的一家超市门口巡逻的张惠领说，"刚开业人多，我得在这儿盯着。"他笑着说。

问：听说"上"电影有什么感觉？

张惠领：第一反应是他们在和我开玩笑，我只是干好了本职工作，没破惊天动地的大案，哪有人关注？

问：明天参加签字仪式不提前准备一下？

张：没啥特别要准备的，明天早点过去就行，完事还要早点回来。这边离不开我，我现在觉得自己已经"长"在这儿了，我走贼可不走啊。

问：没和大伙说你"上"电影是故意保密的吗？

张：没什么可保密的，荣誉是大伙给的，我没什么可炫耀的。

问：听说开始让你饰演自己？

张：是提过，但一"触电"我就没法抓贼了。也有人说成了明星就不用干这行了。可我这辈子就爱干这个，我抓贼也算有经验了，当明星我可没啥经验。

>> 亨特张 说防范

为拍电影导演跟我巡街

《神探亨特张》上映，影片主角原型张惠领介绍电影中的情节和现实中的办案经历。在这部电影里，每个故事都来源于老张真实的工作，有的甚至连案发时的路人也直接还原。

>> 电影上映前 大家都让我请客

就在电影上映前的下午，张惠领还坐在科学院南路的一家小卖部旁捣鼓着手机。看见我打招呼，老张不好意思地笑了起来。"一听说明天要在管片儿里演我的电影，这短信就没断过，都要我请客看电影。"老张说。

老张依旧穿着普通的便衣，扎在人堆里一下就看不出来了。

此时的老张和电影里的神探一样，性格内敛，言语不多。在巡逻的过程中，老张开始讲述起《神探亨特张》中的拍摄趣事。"电影里的每个故事，几乎都是我曾经办过的案子。"老张说时脸上绽开自豪的微笑，虽然电影中人物的姓名、事发地点和现实办案中有所不同，但每个故事的核心几乎都真实还原了，甚至有的故事为求逼真，连抓捕时在现场出现过的市民也精心地进行了还原。

据老张讲，电影并没有很完善的剧本，导演追求的就是原生态。大部分台词都是演员在饰演角色时的临场发挥，几乎每个镜头都拍

>> 说防范 亨特张

了 10 次以上。而不少大场面里抓捕的镜头,都是老张便衣探组的探员们本色出演。

故事1 碰瓷儿团伙带着亲戚坑人
电影情节

一名女子带着自己 5 岁的孩子和其他亲戚,合伙演出碰瓷儿讹人钱财。最终因为分赃不均打架了,就在气呼呼地散伙时被老张全部抓获。

老张说:2009 年 3 月 9 日晚上 6 时许,一高一矮两名男子在当代商城南侧小马路上来回溜达,有车经过时,二人就会探头探脑往车里瞅。他们的异常举动,引起了老张的注意。

几分钟后,小马路上发生一起交通事故,一名女司机开丰田车"剐蹭"了一个小女孩,小孩的母亲和姐姐坐在丰田车里与女司机交涉。

此时,高个儿男子用大拇指指了一下路边,示意矮个儿男子上路边的红夏利车。二人进了红夏利就再没有出来。不一会儿,小孩的姐姐跟"红夏利"里的人简单交谈了几句,随后"红夏利"开走,"姐姐"等三人坐女司机的丰田车也走了。

老张一路跟踪,发现红夏利到丰台马连道附近的居民小区停下。两个小时之后,小孩母亲等三人也回到该小区,原来这五人是一伙儿的。

老张调查得知,被碰瓷儿的司机给了这伙人 6000 元现金。随后的一连十几天,老张便蹲守设伏,发现这伙人经常在下午四五点钟出发,选择路面狭窄、路况复杂的小马路停靠,等到 6 点至 8 点下班高峰且天擦黑时摆出"五人方阵"的架势伺机作案。3月20日下午，老张一举将这伙人抓获。

电影里，这伙人最终因为分赃不均打了架，司机自己开车离开，被民警兵分两路分头抓捕。而在现实案件中，抓捕他们时也是因为他们的确吵架"闹分家"了。"当时再不动手，这伙人不可能再聚在一块儿了。"老张说，当红夏利行至三环辅路时突然靠边停车，只见车内几个人发生激烈争吵。红夏利司机独自开车离开，同时其他人带着小孩打车离开。老张马上指示在周边蹲守的民警实施抓捕。

夏利车司机、嫌疑人梁某交代，自己平时拉黑活儿，赵某等人同时包自己的车，平时不但不给油钱，在当代商城作案得到的6000元赃款自己只分到200块钱，而赵、闫两人每人分得2800元钱。20日当天，由于赵某碰瓷儿失败，没有给男司机钱，因此赵某提议去鼓楼碰瓷儿，梁某嫌远，就跟赵某等人争吵起来。

老张说，唯一不同的就是，案发时抓捕地点在三环辅路，而电影里则移到了北太平桥桥上实施抓捕。

故事2 夫妻俩合伙换假币

电影情节

一对儿情侣晚上开着一辆捷达车，在双榆树地区的街头到处用假币买东西换零钱。女嫌疑人一下车就去买东西，得手后立即脱掉外套上车逃逸。最终在中关村大街上被老张当场抓获。

老张说："其实这段情节就是个真实案例。"老张说时略显神秘。2011年8月6日晚上，是农历的七夕。导演高群书为了更好地拍摄这部电影，就和老张一块儿在双榆树地区巡逻。

>> 说防范 亨 特 张

巡逻中,老张发现,一名女子总是围着卖花的几个女大学生买花。老张觉得可疑:一般情人节都是男的给女的买花,怎么女的自己买起花了?老张立即告诉高导演,这事蹊跷,得盯着。

就在高导演还没醒过闷儿时,女子换了衣服跳上了路边一直等候着的一辆车,而卖花的女孩发现刚刚收的是假币。老张立即开车追踪那辆可疑的捷达车。

跟踪途中,骗子夫妻每换一次钱,老张就随后通知受害者到派出所等待处理,在他们换了 7 次钱后,老张固定好证据,最终在海淀医院附近将二人抓获。高群书顿时被老张精湛的职业素养折服。

在还原这场戏时,剧组遇到了一个难题。在现实抓捕中,由于是七夕节,中关村大街上堵车,所以老张是趁堵车时将两人抓获的。

但拍这场戏时中关村大街却畅通无阻。正在大家都在为如何还原堵车现场为难时,在拍摄现场发生的一场小火灾为剧组解了难。"正好堵起了车,细心的观众在电影里看这一情节时,会发现拥堵的车辆中有几辆闪着警灯的救火车。"

 **故事 3** 贼王忒胆儿大"斗法"神探
电影情节

一个老惯偷,在老张眼皮子底下示威,电话指挥手下的各路小偷在老张的管片儿里偷东西,自己不动手,站在过街天桥上和老张对视。当时的老张受了伤,拄着拐杖。

贼王觉得自己的手下在老张管片儿里得手,老张有伤抓不了他,得意地说:"这回看是你输还是我输。"结果老张一声大喝,天桥两边数十名小贩一同上桥,将这贼王拿下。

31

老张说：其实，电影里的贼王是这两人原型的"浓缩"，两人都是被老张抓过两回以上的惯偷，为和老张"斗法"置气，纠集了几个"同行"来双榆树盗窃，但刚下手就被老张探组的探员抓获。

在老张抓贼的经历中，有两个"贼王"都要和老张"斗法"。一个是哑巴盗窃团伙的头目张某，一个是惯偷团伙的头目丘某。

当时老张确实因抓捕时腿部受伤拄着拐，但老张就紧盯着张某不放。张某也以为自己不动手老张拿他没辙，在不知同伙已悉数落网的情况下看着老张自顾得意。

结果老张喊了一嗓子"抓住他"，身边和老张熟悉的社区居民与街边的小贩，竟都不顾个人安危涌了上来将张某按倒在地。

便衣抓贼曾被群众误会

电影情节

老张便衣抓贼时被群众误会，就在大家怀疑老张的身份时，身穿制服的双榆树派出所副所长及时出现替老张做证，大伙才让老张把嫌疑人带走。

老张说：在工作中，由于身穿便衣的缘故，老张也曾遇到过这样的情况。只不过，在电影里，身穿制服的副所长不是别人，正是神探亨特张原型张惠领本人。

老张不仅在电影里露脸，还用一句台词为电影里的老张证明："不错，他就是便衣民警张惠领，还是大家选出来的人民最喜爱的警察。"

>> 说防范 亨特张

故事 5 戏里戏外俩老张都为抓贼摔伤
电影情节

老张跟踪一个窃贼团伙，下车时不小心一脚踩在了冰上，一个趔趄，差点摔了一个大马趴。

老张说："剧本里原来没有摔跤的场面，因为演员在下车时真的不小心踩冰上摔了，所以摔跤这场戏显得特别逼真。"老张告诉记者，其实这样的事情还有很多，在拍摄抓捕场面时，导演要求警车靠得更近，结果拍摄时开警车的司机没刹住车，警车直接把饰演自己的演员老六顶到车下边去了。

老六的脚也因此受伤，刚好又促成了随后拍老张负伤拄拐坚持巡逻抓捕的故事。

还有在审讯环节，由于老六讯问时没有民警该有的"气场"，有时甚至称被审讯的对象"您"，结果被审讯对象训得目瞪口呆。

看着这种情景，老张急得几次亲自操刀上阵，所以细心的观众会发现，电影里在审讯碰瓷儿团伙时的镜头，老张问话的声音会有区别。"其实这也是为了追求更加逼真，更加还原便衣民警真实的生活。"老张说。

>> 亨特张 说防范

神探说防范 街头扒窃

>> 街头扒窃分析

随着社会经济的不断发展，人财物的流动也逐渐频繁起来，治安环境日益复杂，扒窃拎包案件呈高发趋势，此类案件的打防控成为各地公安机关日常工作中的重点和难点。打击街面扒窃拎包案件的工作，是公安机关常规警务活动的重要组成部分，也是与人民群众密切相关的一项工作。扒窃拎包案件虽然与恶性暴力案件相比，社会危害程度较低，但由于其侵害对象面广，发案率高，直接侵害群众切身利益，因此被老百姓深恶痛绝。

扒窃违法犯罪是指违法犯罪嫌疑人在公共场所借机贴近被害人，以非法占有为目的，趁人不备，采取不同的掩护手法，利用一定的技术手段，秘密窃取他人随身携带的财物的行为。司法实践中一般理解为在公共场所或公共交通工具上秘密窃取他人随身携带的财物的行为为扒窃。

扒窃案件的盗窃金额达到一定数额则构成犯罪，若未达到则按一般治安案件处理。而由于各地经济发展水平不一，因此这一标准都是以当地的具体情况来制定。根据2011年2月25日全国人大常委会通过的《刑法修正案（八）》第39条的规定，行为人以非法占有为目的，秘密窃取公私财物，数额较大的，或者多次盗窃、入户盗窃、携带凶器盗窃、扒窃公私财物的，应当以盗窃罪立案追诉。

由于扒窃案件中违法犯罪嫌疑人都会同被害人进行或多或少的近距离接触，而且一旦被害人发觉犯罪嫌疑人作案，也容易与之引发冲突，从而可能迫使嫌疑人行凶，造成更大的损害后果，因此，公安机关对扒窃行为的打击工作尤为必要。

》 扒窃拎包案件的侵害特征

扒窃拎包违法犯罪作为盗窃的具体表现形式，都具备盗窃违法犯罪的本质特征，即以非法占有为目的，窃取财物的手段和方式带有秘密性，在此不再赘述。但扒窃拎包案件区别于入室盗窃、机动车盗窃等其他盗窃类案件，具有其自身特征。

◎ 侵害目标多为可移动的财物

扒窃拎包案件中侵害的对象大多都是被害人随身携带的，可以移动的财物。如行人随身携带的背包、在餐厅里顾客放置在身边的手机等财物。

◎ 侵害地点多发生在公共场所

扒窃案件与入室盗窃案件虽然都属于侵财类案件，但扒窃多发生在公共场所，后者只能发生在单位或私人空间。从防范的角度来看，公安机关通过巡逻，指导相关单位完善人防技防设施，例如为房屋加装防盗门窗、设置防盗铃、安装监控探头、组织社区巡防队伍等方式，可以较有效地防范入室盗窃案件，而且在案发后能够很快地确定违法犯罪嫌疑人，是典型的可防性案件。但扒窃拎包案件发生在公共场所等不特定地区，特别是人流量较大的场所，偶发性强，而且窃取的财物体积小方便转移，加之多呈团伙形态作案，相互掩护，分工明确，往往得手后经多次转手，如果不是"抓现行"，事后很难侦破，因此，扒窃拎包案件成为公共场所较难防控的案件之一。

◎ 侵害证据较难保全

扒窃违法犯罪的流动性和隐蔽性决定了扒窃案件发案后经常无违法犯罪现场可勘查，或虽有犯罪现场但常因发现滞后、车辆行驶、人员走动等情况使现场遭到破坏，缺少勘查价值。例如在未安装电子监控设备的公交车上发生的案件很难固定现场寻找证据。扒窃违法犯罪嫌疑人一般选择人员集中且流动性大的地点作案，作案地点不固定，违法犯罪嫌疑人得手后会迅速离开现场，并通常在周围偏僻无人的角落处如厕所、垃圾桶边、墙角等地点转化所盗物品，留下现金、首饰等便于携带的有价物品，丢弃如空钱包或证件等物件，这样一来他们即便被抓也较难查证，容易隐瞒案情。

>> 扒窃案件的行为特征

扒窃案件的行为特征，是指扒窃案件的发生地点、表现形式、作案方式和手段以及人身危害性等方面所特有的区别于其他盗窃类案件的特殊表现形态。不同的扒窃案件因其作案地点、手法等因素的不同而存在一定差别，但总体而言都具有如下行为特征：

◎ 流动性大，侵害面广

流窜作案是现阶段扒窃案件最为明显的一个特点，这是因为扒窃案件的侵害对象和侵害标的物都有较大的流动性，而交通的日益发达也为流窜作案提供了一定的便利。例如，在北京曾破获一起系列扒窃案件，犯罪分子在外地生活，却利用双休日坐火车来到北京，在西单、王府井等繁华地段行窃后返回住处继续工作。从地域范围看，扒窃违法犯罪嫌疑人通常选择经济发达、人财流动性大的地区作案，如东部沿海地区及大中城市。而随着社会经济的不断发展，二三线城市的发案率也越来越高。从具体场所来看，违法犯罪嫌疑人一般选择商场、饭店、交通枢纽、公共交通工具、商业街等人流较大的公共场所和城市中的繁华地段伺机行窃。由于这些场所为日常生活场所，人员密集，也导致了侵害对象的面比较广。

扒窃拎包案件虽然就个案而言对社会的危害程度并不太大，但旧案难破而新案频发，大量遭受财物损失的人民群众反应强烈。例如在2012年4月7日，香港游客郑汉荣在武汉旅游购物时手机遭窃，便衣民警在20分钟后抓获窃贼并交还失物。然而警方的破案神速却遭到了大量网友的质疑，认为警方区别对待。从质疑声背后我们可以感受到大量的扒窃拎包案件未能及时破案，导致人民群众意见颇大。

◎ 技巧性强，隐蔽性大

扒窃作案过程看似简单快捷，但违法犯罪嫌疑人要在人流密集的公共场所行窃得手，还要不被人发现，需要具有较强的心理素质以及一定的作案技巧。新扒手在作案之初多向老扒手学习并不断练习扒窃技能，还要研究各类作案目标，并根据不同的对象、时间、地点选择作案手段。团伙作案的扒手之间还要互相配合掩护。扒窃作案一般用手来完成，若携带工具也会选择便于隐藏并携带的镊子、刀片等。在作案时，违法犯罪嫌疑人也常借打电话、等人、团伙成员故意制造混乱或用书报、衣物等掩护隐藏作案,有意识地通过自己的言行举止给他人留下一种自己所希望的在他人眼中的印象,即自己也是普通群众,使被害人不易察觉。我们发现许多扒手从小就开始接触扒窃这一行,由自己的老乡带领或是在劳改时向狱友讨教、交流扒窃技能,因此都形成了一套较为稳定的行窃手段。有的扒手善于徒手扒窃,有的善于使用镊子等,而在使用镊子、刀片等工具时,扒手往往会对工具进行改进,如在镊子上缠胶布用以防滑,粘贴摩擦条以便于夹物等。

◎ 团伙性、人身危险性增加

现阶段扒窃案件主要以团伙作案为主,也存在一小部分单独作案的情况,且携带凶器行窃的情况越来越常见。在作案过程中,团伙成员之间分工合作,互相配合,交替掩护,提高了扒窃案件的隐秘性及反侦查性,同时也降低了个人作案的风险性。而且团伙作案时,一旦被被害人、侦查人员或者周围群众发现制止,可以利用人多势众或随身携带的管制刀具等凶器威胁被害人、侦查人员或是周围群众,甚至在某些情况下行凶伤害,具有较强的人身危险性。如2000年7月23日,北京市公安局海淀分局颐和园东宫门派出所34岁年轻民警袁时光在便衣巡逻中发现了扒窃嫌疑人,待到其作案得手后上前抓捕,却被嫌疑人及其同伙用随身携带的尖刀刺中腹部,不幸牺牲。又如2004年4月30日,福建省长乐市33岁年轻公交司机谢珠俤因在公交车上提醒乘客注意扒手而被歹徒刺死。

针对在全国各地多次发生的扒窃分子使用凶器威胁或伤害他人的恶性案件的情况,《刑法修正案(八)》中规定携带凶器盗窃、扒窃公私财物的以盗窃罪立案追诉,这也体现了政府对打击扒窃案件的高度重视和决心。

■ 张惠领在案发地分析警情

>> 扒窃案件的时空特征

扒窃案件的发案时间、地点、对象与人们的行为活动特点及规律有一定联系。扒窃案件在时间上多发于周末、节假日、上下班高峰、饭点等时间段，在地点上往往发生在人员相对密集的公共场所，发生地点具有较大的随机性，侵害对象是不特定的人民群众，因此具有较大的社会影响性。公安机关通过对此类案件时空特征的分析，合理安排打击力量，从而提高工作效率和打击效果。

◎ 发案时间特点

从季节上来看，扒窃案件高发于春秋两个季节。这是因为在冬季，人们穿着厚实，出于安全考虑，很多人选择把钱放在里层，导致扒窃违法犯罪嫌疑人不便于行窃下手。在夏季，人们衣着单薄，感知能力较强，能够较及时地作出反应，增加了嫌疑人被发现的风险。而春秋两季，人们衣着既不厚实也不单薄，触觉相对迟钝，因此较易被窃。

从日期上来看，扒窃拎包案件高发于节假日与休息日。在节假日或休息日，人们常去商市场、步行街购物或去娱乐场所游玩，随身携带有较多的财物且心态放松、防范意识降低，多专注于商场、市场内丰富的商品或娱乐场所的娱乐项目，对周围环境放松警惕，容易给违法犯罪嫌疑人以可乘之机。

从生活时段来看，扒窃拎包案件高发于上下班及饭点时间。上下班时间是一天中交通枢纽、公交工具人流最密集的时段。此时乘客们由于时间压力，多数争先恐后、蜂拥上车，在拥挤的环境中感觉、知觉受到一定限制，注意力分散，易被违法犯罪嫌疑人趁机下手。而饭点时间，饭店、餐厅内顾客较多，顾客一般关注于吃饭或与同伴聊天，对随身携带的财物也放松了看管。

◎ 案发地点特点

扒窃案件发生的空间不仅指建筑物或所在场所的物理空间，也包括案件发生时人与人之间的身体距离。城市公共生活空间往往具有人口密度大、人员流动性强的特点，因此显得空间相对狭窄与拥挤，而且由于人们各自行动方向不同，使得人际空间具有较大流动性。扒窃案件高发于具有此类空间特征的场所。

商场、超市、农贸市场、早市等购物场所

商市场、早市等购物场所，人员密集，秩序较差，顾客购物随身必然带有一定财物，在忙于选购商品或与商贩讨价还价时，注意力容易分散，往往忽视了对自己财物的看管。

车站、地铁站、码头等交通枢纽

车站、地铁站、码头等处客流量大，人员拥挤，容易给犯罪分子可乘之机。如北京地铁一号线曾经苹果手机拔线扒窃案件高发，其作案特点是，嫌疑人以团伙作案为主，选择的目标主要是年轻的女性，作案手法主要是拔脱苹果手机的耳机线后将手机窃走。当被害人的手机被窃之后，没有马上反应过来是手机被窃了，而是认为手机出了问题，嫌疑人趁机快速转移赃物后逃跑。其作案区域主要分布在地铁的站台、通道和上行电梯的停靠处，这里一旦扒窃得手后便于逃跑。

影院、KTV 等公共娱乐场所

影院、歌舞厅等文化娱乐场所人员多，噪音大，各种信息互相干扰，人的感知容易出现障碍，注意力容易分散，加之电影放映时和多数 KTV 内光线较暗，不易察觉异常情况，违法犯罪嫌疑人常利用这些环境行窃。

车、船、地铁等交通工具

在汽车、火车、地铁、轮船等公共交通工具上，乘客较多且环境拥挤，在上下车（船）时行动不方便，秩序较差，容易发生扒窃拎包案件。有的被害人因为疲劳、瞌睡等原因注意力不集中，观察能力降低，很容易成为被侵害对象。如在火车上有的旅客睡觉前，将装有贵重物品的包放在胸前，拿在手里抱着睡，可睡着后手就从胸前散到身体的两边了，这时窃贼就趁机用剪子或刀片作案。等旅客醒来，身上只剩下了包的带子。

饭店、餐厅、旅馆等场所

人们进入饭店、餐厅或是旅馆，身边必然携带有一定财物或随身的包等，而旅客、顾客在奔波后到达吃住的地方，原先紧张的情绪瞬间轻松下来，从而忽视了对财物的看管。

>> 扒窃案件的过程特征

扒窃案件的作案过程有较强的规律性，了解并掌握扒窃拎包作案的主要过程有助于大家识别违法犯罪嫌疑人，以便及时做好自身防范。

◎ 寻找目标阶段

扒窃案件的违法犯罪嫌疑人在各个人员密集的地点不断走动，四处搜寻合适的作案对象，通常那些露财、警惕性低、防范意识较差的人会被犯罪嫌疑人盯上。违法犯罪嫌疑人会通过挤、蹭、靠等方式接触作案对象，用手或身体的碰撞来估测财物的多少和存放位置。有的嫌疑人直接在相互碰撞的一瞬间下手行窃，俗称"碰托"。而有的狡猾的嫌疑人甚至在这个时候做出扒窃的假动作来试探周围有无便衣侦查人员。有时候在选定作案对象后，若当时当地不是作案的理想状态，嫌疑人也会跟踪作案对象到时机合适再下手。

◎ 观察掩护阶段

当扒窃案件的违法犯罪嫌疑人确定作案时间、地点及对象后，往往会观察被窃人及周围群众是否注意到自己的举动，并特别留意周边有无侦查人员以确保自身安全。嫌疑人在作案前为了达到目的，也会想尽办法进行伪装和掩护。

违法犯罪嫌疑人在行窃时除了利用人多拥挤这一客观条件外，单人作案时常将自己的一只手遮挡另一只手作案。团伙作案则互有分工，有的负责偷窃，有的负责反侦查，有的负责掩护，利用身体等遮挡他人视线。常见的掩护方式就是利用物品进行掩护，比如：衣服、围巾、雨伞、帽子、书报等。春秋季节多用衣物，冬季多用帽子、围巾，夏季多用书报、扇子等。此外，有的嫌疑人将身上所穿外衣的两个下兜剪开，将手插在兜内，行窃时从兜底开口处伸出手作案，也有团伙故意制造混乱吸引被害人注意力从而创造行窃机会。

◎ 拎扒行窃阶段

当扒窃违法犯罪嫌疑人确定对象及周达情况安全时即下手行窃，通常有掏、割、拎、拉、夹等动作。有的嫌疑人利用人多拥挤的时候贴近被害人，通过掩护将手伸入被害人的衣兜、背兜或包内掏取财物，而嫌疑人将手伸入时，常以手背朝向被害人，给被害人造成是自己身体碰到别人的错觉。徒手作案是最普遍、最常见的一种作案方法。有的嫌疑人利用小刀片作为工具行窃，刀片有单面和双面两种，有的用整片，有的用一截。刀片割划的目标主要是上衣下兜、裤子后兜、提兜、背兜等。割开口子后使兜内皮包或钱物掉出，而此时嫌疑人的另一只手已准备好接住钱物。有的嫌疑人趁被害人睡觉或其他不备的情况下进行拎扒。如在火车上嫌疑人选择和坐着或者躺着睡觉的人坐在一起，在作案前假装要翻找物品或走路去触碰该人的身体或装有钱物的衣兜，试探事主是否睡着，再择机行窃。又如在餐厅中，顾客吃饭时将包放在一侧，嫌疑人坐在靠近包的地方而后利用衣物等掩护作案。而随着人民生活水平的提高，在一些旅游景点，也出现了专门窃取单反相机镜头的案件，嫌疑人利用挤、靠等方式靠近被害人，熟练地转下镜头后逃离。

>> 亨特张 说防范

现实案例
XIANSHIANLI

"长镊帮"夹手机 留神商场内的黑手

■ 冬季穿着厚重羽绒服、棉衣的人，由于衣服太厚，扒手在下手时往往不易察觉，因此容易成为窃贼下手的目标。冬季着装厚重，钱包、手机等贵重物品应当放在衣服的里兜或者里面的衣服兜里。

2010年12月5日晚上，北三环四通桥旁的一家购物广场里，前来买东西的顾客络绎不绝。年底将至，又赶着周末的晚上，担心小偷揣着"年底捞一把"的心理，早早吃过晚饭的张惠领又来到商场里开始巡逻。

□ 张惠领带探组巡视

街头扒窃

初冬的北京晚上，已经能够感到一丝寒意。在商场购物的顾客们，都穿起了厚重的冬装。

人来人往之中，老张刻意开始在人群中搜寻，他似乎已经习惯了这样的生活，就连蹲在路边看报纸时，看一篇新闻的他也得抬头环顾街边好几次。

老张掏出手机，这时候已经是晚上6点半了。刚把手机装进上衣的内兜里，老张就发现了几个男子怪异的举动。这几个人在人群里不停地走来走去，可视线似乎却总是低着四十五度，斜斜地盯在路人的衣兜和背包上。其中一个男子穿着灰色羽绒服，羽绒服的袖子里显得鼓鼓的，尽管男子刻意把胳膊背到身后，可只要手臂一动，老张还是觉得看起来特别不自然，就像是摔折的胳膊打了石膏一般。

"这袖子里肯定有猫腻。"老张心里暗暗地对自己说，不管自己的判断是否准确，他都决定跟着这几个人瞧个究竟去。

就在老张刚刚跟上这几个人不到10分钟，忽然，在商场出口处，这伙人向一对年轻夫妇身边挤了过去。三个男子装着无意识地聊天，结果刻意将夫妇俩围作一团。妻子垂臂拎着一只白色手包，但是手包拉链却没拉。

■ 敞开的挎包、背包或手包，最容易被窃贼盯上，成为窃贼下手的最佳目标。

■ 三名窃贼分工合作，两人负责在夫妻二人身边走动，借机遮挡夫妻二人的视线，也能吸引二人的注意力。而使用镊子的窃贼正好能够趁机作案。所以在公共场合发现有人刻意在自己身边来回走动，故意用各种动作吸引注意力时，一定要提高警惕，不要被他们的伎俩所吸引，应该及时查看自己随身携带的财物，马上从他们的身边离开。

■窃贼之所以分头离开,就是为了让受害人无法认定是谁偷走了她的财物。即使在案发后事主马上意识到自己的财物被盗,也无法判断出应该追逐哪个嫌疑人。而且在类似的作案手法中,一般下手盗窃的嫌疑人在得手后,会立即把赃物转移给同伙,即使被事主或他人发现追赶,也可以让对方搜身证明自己的"清白",最为重要的是,也为携带赃物逃窜的同伙争取到了逃跑时间。所以,一旦出现类似的情况,应当马上报警,不要和对方过多纠缠延误了警方的抓捕时间,即使对方提出搜身等方式要证明清白,也应该由执法机关到场后进行。

这伙人在靠近夫妇俩的同时,穿灰色羽绒服的男子从袖筒里褪着什么,并伸进女士的手包。老张远远看去,伸进女士手包的东西借着昏暗的路灯反光发亮,老张一眼就认出是一把长镊子。他马上意识到,嫌疑人下手了!

老张立即示意身边几名便衣民警盯紧嫌疑人,自己掏出手机请求派出所支援,眼看着抓捕的时机到了。

可狡猾的三个男子,在把女士手包里一个白色的东西夹走后,就分头向不同的方向走去。

因为他们也知道,一旦女士回过神儿知道自己的手机被偷后,肯定会追上来质问。所以只要他们四散走开,即使是女士有所察觉,也不知道该追哪个人。老张示意身边的同事各自负责盯住一人,自己快步走到被盗女士的前面,将一张写有自己手机号及双榆树派出所联系电话的"警民联系卡"递到夫妇俩手中。此时夫妇俩也意识到自己好像丢东西了。

三名小偷迅速"淹没"在商场南侧的一条小吃街里,这给便衣民警的跟踪带来极大难度。由于小吃街门店林立,过路人非常多,便衣民警努力地在人群中寻找、紧盯三名嫌疑人。嫌疑人全然不知暗中设伏的便衣民警已经锁定了自己。

不一会儿，三名嫌疑人分别从不同方向向一辆白色轿车靠拢。嫌疑人这是打算乘车开溜了！一旦他们上车，想抓他们可就难了，老张赶紧给大家一个眼神：抓！便衣民警一拥而上将三名嫌疑人按倒在地，并现场起获三把作案用长镊和一部白色苹果手机。

而白色轿车正是他们打算作案后逃跑使用的交通工具。

便衣民警当街擒窃贼，引来许多群众驻足围观。有人说，自己在电视上见过老张抓人，老张真厉害！有人说，一年到头，辛辛苦苦挣的血汗钱都让他们用长镊子给偷走了，真可恨！还有人居然认为便衣民警抓贼的一幕是在拍电影。

随后，三名嫌疑人连同他们乘坐的白色轿车被一同带至双榆树派出所。在白色轿车里，民警掀开后排座位上的毛垫子，竟发现了9部手机！

此时，年轻夫妇依据"警民联系卡"上的电话早已在派出所等候。夫妇俩接过老张递来的白色苹果手机，确认这就是他们刚刚在商场东门丢的那部。夫妇俩说，从商场一

■ 嫌疑人使用的大镊子，一般都是经过改装过的"专用工具"，有的嫌疑人喜欢在镊子上粘上胶条，一旦夹住物品便能死死不放；有的则习惯在镊子上裹上纱布，加大摩擦力降低失手的概率。所以在公共场合如果看到有拿着这样工具的可疑人员，最好远离他们。如果发现类似人员正在作案，在确保自身安全的情况下，使用手机报警，切勿在不法分子作案的过程中大声呼喊，以免打草惊蛇，甚至给自己带来不必要的人身伤害。

亨特张 说防范

■ 此外，在很多团伙盗窃案件中，随着社会的发展，使用机动车作为作案工具的盗窃团伙明显增多，在得手后他们会立即逃窜到车里，驾车迅速逃离现场。如果事主遇到这样的情况，千万不要惊慌失措，应该保持冷静，记清对方车辆的显著特征，例如车牌号、车辆品牌、型号和该车明显区别于其他车辆的特征，便于警方在接到报警后，及时地设卡盘查拦截，更加迅速地找到逃窜的犯罪分子。

出来感觉外面特别黑，刚走了不到20米，就听见有人说"有小偷！"下意识地一低头发现自己的苹果手机被偷了。而几乎是同时，夫妇俩又接到了"警民联系卡"。当派出所民警告诉这对年轻夫妇便衣民警一直在暗中跟踪、抓捕这几个小偷时，夫妇俩既不住地称赞老张和同事的机智，又觉得狡猾的小偷特别可恨。

最终，三个男子对用长镊盗窃路人的事供认不讳。老张又忙着把他们盗窃来的9部手机全部打开，按照通话记录，一一找到了手机的主人。

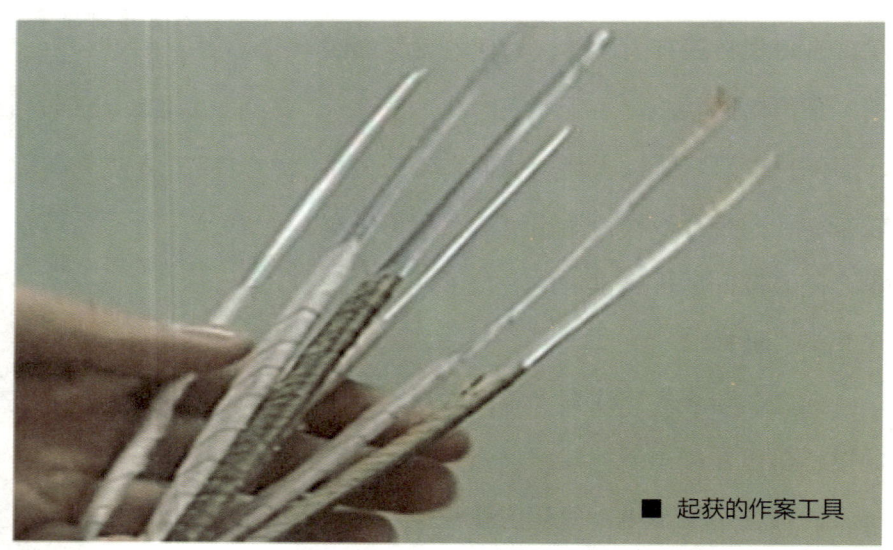

■ 起获的作案工具

为抓嗜偷老贼 棋牌室蹲守一月

电影《神探亨特张》中，有一个名叫张发财的窃贼，屡教不改，总是和神探亨特张作对，但每次都被机智的神探抓获。而就在电影上映后不久，张惠领便遇到了一位现实版的"张发财"。

在棋牌室外经历了一个月的长线跟踪蹲守后，曾经因盗窃被老张两次处理的惯偷彭大山（化名）再次落入法网。

>> 早市巡逻偶遇"老熟人"

2012年7月初的一天清晨7点，双榆树早市里已经热闹非凡。为了赶在火辣辣的日头露脸之前买好菜，早市里已经是人山人海。这个早市就在双榆树的两个小区之间，一公里的羊肠小道中，卖鱼的大盆、卖菜的摊位已经把不到五米宽的小路挤得水泄不通。

往来的人群中，张惠领穿着深色T恤，正在巡逻，行色匆匆的路人，都把他当作了买菜大军中的一员。

■ 扒窃分子在作案之前，都会使用各种看似平常的物品作为自己遮挡的工具，此案中，男子身穿黑色汗衫，是为了刻意让自己的衣着平常，不会在人群中被人太过注意。而拿着的环保袋则是为了自己在作案时，当作遮挡事主视线的工具。这类遮挡工具也很有季节特点，夏季多是扇子、购物袋、报纸杂志等物品，而冬季则以围巾、帽子或托在手上的棉服、羽绒服等物品为主。

>> 亨特张 说防范

■ 起获的作案工具

■ 扒窃分子在作案之前，如果使用工具，无外乎是镊子、刀片、剪刀之类的工具，尤其是在夏季，由于其自身衣着较少，为了避免被他人发现异常，他们常常会把工具藏在腰间、手包等地方。但这样的做法有时会显得欲盖弥彰。所以在早市当发现有人行动举止十分怪异，而且常往人堆儿里扎时，就要格外留心了。

"买鱼吗？这鱼新鲜！"鱼贩拎起一条活蹦乱跳的鲫鱼，在老张眼前晃了晃。张惠领心里暗自发笑，"肯定是新来的摊主，还真把我当成买菜的了。"想到这些，老张眯起了眼睛，嘴角浮起一丝笑容。就在这时，眼角的余光忽然扫过一人，让老张觉得有些似曾相识的感觉。

在老张身前不到50米的地方，一名身穿黑色汗衫的男子在人群中四处张望，他手里提着一个深蓝色的环保袋，看起来和买菜的人无异。

可不知怎的，老张总觉得这人的脸十分熟悉。

老张急忙转过身去，不时回头观察起这名男子来，心里也像过电影一样，一遍一遍地扫描着记忆中的影像。

"彭大山！"忽然，老张的脑海里冒出了这个名字来。

在老张看来，40多岁的彭大山曾经是派出所的"老熟人"了。2006年和2010年，因为扒窃，他两次都栽在了张惠领的手里。"蹲完大狱"的彭大山已经消失了多年，没想到竟然又出现在了老张的辖区里。

老张刻意跟在彭大山的身后，发现彭大山的双目始终在路人的身上扫视，心思根本不在挑菜上。彭大山的腰间里鼓鼓的，走起路来显得十分不自然，就像是刚刚摔了跟头贴了一剂狗皮膏药一般。

老张觉得，彭大山的腰里肯定有玄机！

想到这些，老张有些恼火了。被自己处理了两回的蟊贼，竟然还敢在自己的辖区里作案，这不明摆着是挑衅嘛。"只要他敢动手，我绝不能让他逃了！"老张暗暗下定决心。

>> 跟踪半天惯偷进了棋牌室

老张刻意低下头去，不动声色地跟在了彭大山的身后。

彭大山看起来似乎没选好下手的对象，晃悠了半个多小时后，他从早市的街道里走了出来。老张掏出手机，发现已经快9点了。彭大山双手一背，慢悠悠地走到了早市南边的一个街心公园里。此时的他还不曾发现，一双鹰眼早已经开始注视着他的一举一动了。

彭大山来到公园里打扑克牌的老人中，观战几局后自己也坐下来参战。一旁的老张也不敢掉以轻心，远远地继续观察彭大山的一举一动。

半个小时过去了，彭大山忽然起身又离开了公园，在双榆树小区的街道里溜达了几圈后，走进了一家棋牌室。时针已经指向了正午，老张围着棋牌室转了一圈发现，棋牌室就只有这一个出口，彭大山进去之后就再也没有出来。

老张和几个巡防队员联系后，几名队员骑着自行车来到棋牌室门口。在嘱咐好大伙盯紧彭大山后，老张这才回到派出所食堂吃午饭去了。

>> 下定决心长线蹲守

食堂里,老张端着餐盒机械性地扒了几口饭,目光却显得有些发愣。他反复地回忆起彭大山的举动。正巧看见彭大山这天是工作日,要真有正经工作的话,绝对不可能还在这时混迹在棋牌室里。没有工作就没有生活来源,虽然棋牌室里的牌局都是小赌,可也架不住天天如此。再加上彭大山之前的前科,老张觉得他迟早有一天会因为"缺钱"再次下手。

吃过午饭,顾不上火辣辣的太阳,老张立即又来到棋牌室门口。两名巡防队员还蹲在门口抽烟闲聊天儿。看到老张过来,他俩立即站起身来伸了个懒腰。脑袋冲着棋牌室的方向一歪:"人还在里面呢,没出来。"老张瞅瞅手机,都已经是下午2点多了。

一下午的时间,老张就和队员们轮流换班在棋牌室门口蹲守起来。直到晚上8点多,彭大山才意犹未尽地从棋牌室里走出来。他搓了搓疲惫的双目,径直走向公交站坐车走了。

老张这才和巡防队员说了声收工,大家回到派出所开始安排明天的工作。

"张哥,明天要彭大山还来,咱还盯吗?"保安小李挠了挠头,显得有些郁闷。在蹲守了大半天的时间后,一无所获的感觉让他有些泄气。

"要是他还来,咱还真得盯着呢。说不定他今天发现被咱盯上了,就跟咱耗上了。咱要真放松了,他没准儿可就真下手了。"老张笑着对小李说道。

"啊?小偷打牌,咱还得当警卫给站岗,啥待遇啊!"小李耸了耸肩,一脸坏笑地看着老张。大伙也被小李的话给逗乐了。

"你这小子，明天就你跟着我去了！"老张伸手推了小李一把，装作生气的样子。其实，老张心里也明白，小李就是这样的人，别看平时在队里插科打诨爱开玩笑，要真有事时还就是和自己一样冲在最前面的。

"大家散了吧，盯好彭大山，要真出果儿了我请大家吃饭！"老张挥了挥手，示意大家散会。听到探长承诺了饭局，大伙却并不急着离开，开始起哄计划要去哪儿吃了。

>> 蹲守半月贼迹初现

第二天一大早，老张特意又早早地来到早市，开始在人群中搜寻彭大山的身影。半小时后，彭大山出现了。

今天的彭大山似乎显得十分轻松，他在早市晃悠一圈后，轻车熟路地又来到棋牌室里，老张带着队员，换班巡逻、蹲守，又盯了一天，直到晚上9点多彭大山离开，大伙才回家。

就这样，一连十几天过去了，彭大山就像上班一样，每天早上在早市转一圈，然后就钻进棋牌室打牌。彭大山自己倒是逍遥快活了，可却苦了老张和一帮队员们。大家既要保证在辖区的巡逻，又要特意分出人手来盯着彭大山。有时候在经历一天的蹲守后，老张自己都有些怀疑自己的判断了："难道彭大山已经改邪归正了？难道自己这回真就判断失误了？"

8月10日大早上，老张刚刚来到早市，发现彭大山竟然已经出现在市场上了，和前几天不一样的是，他拎着的袋子里看上去有东西。经验老道的老张立刻意识到，袋子里的东西是一把大镊子。"这回来得竟然比我都早，是打算要下手了？"老张心里暗暗想着，一

■ 张惠领带领探组在抓捕现场

■ 嫌疑人在早市作案之前，必然会出现一系列反常的举动，例如，买菜的顾客眼神都会集中在菜摊上，而选择作案对象的嫌疑人，会显得神情紧张，他们会不停地东张西望观察四周情况，看有没有别人盯着自己，而且他们的目光很少会盯在菜上，更多的时候都是在看着买菜顾客的衣兜、购物车等能够放置财物的地方。

边拿起电话布置联防队员准备行动，一边拿出自己的DV开始拍摄彭大山的一举一动了。

》贼刚刚得手就被探组擒获

只见彭大山探头探脑地来到一家主食店门前，一群老人正围在窗口前买面食，彭大山压低了头，悄无声息地挤进了老人当中。一位正在买面条的老大爷，正忙着点着手里找回的零钱，完全没有留意到，身旁有一双"贼眼"已经盯上了自己的衣兜。

就在老大爷将找回的钱塞进衣兜伸手去拿面条时，彭大山从自己随身携带的手提袋中拿出一个细长的镊子，一手拿着手提袋挡住了老大爷的衣兜，另外一只手用镊子利索地夹出老大爷的钱财。

钱财到手后，彭大山立即转身离开了面食店，他刚把收获的"战利品"藏到手提袋中，就被老张电话调来的巡防员按住了。

JIETOU PAQIE 街头扒窃

老张赶紧跑到老大爷身边:"大爷,您钱是不是丢了?"老大爷一摸衣兜,这才发现刚刚装进兜里的钱竟然全都没了。"我明明装兜里了啊,怎么就没了?我一点儿感觉都没有啊。"大爷挠了挠头,显得有些惊讶。

回到了双榆树派出所,老张清点了彭大山的"战利品",足有两百多元,老张在派出所里还专门拿出了彭大山的镊子,为被偷的李大爷演示了作案手法。看到细长的镊子伸进衣兜,一下子就把一沓钱给夹出来之后,李大爷乐了。"下回我可得把钱给放内衣兜里,不敢再随便放啦。"

■ 嫌疑人使用事先准备好的手提袋挡住大爷的衣兜,就让大爷无法看到他的可疑举措,而选用细长的镊子则是因为夏季老大爷的衣着比较单薄,这样可以减少和大爷身体碰触的机会,让他无法感觉到自己的衣兜正在被不法分子下手盗窃。因此,夏季人们穿着的衣物较少,财物装在兜里十分显眼,容易被窃贼盯上。所以大家最好还是把财物都贴身放置,不给窃贼可乘之机。

■ 张累领带领抓组在街头布置工作

>> 亨特张 说防范

"大块头"堵门 "三只手"行窃

2011年11月16日，晚上7时许，深秋的北京，人民大学公交站旁，挤满了刚刚下班准备回家的路人。大家一脸的倦容，焦急地抬头张望着自己回家路线上的公交车。

张女士和丈夫小贾也挤在人群中，他们赶着去参加朋友的晚宴。就在公交车刚刚进站的时候，小贾的手机响了起来。他只好一边接起手机，一边艰难地随着人流准备向车上走去。可车门刚刚打开，一名身材高大的男子便冲到了上车队伍的最前面，他奋力地扒住车门，扯着嗓子向售票员喊道："这车到天安门吗？"

张女士听着这话，心里还犯了嘀咕："这车明明往北开，干吗还问去不去天安门啊。"这时候，张女士发现自己正巧被男子的胳膊挡在了车门处无法上车，看到丈夫还在后面接电话，于是她准备先下车等丈夫。可她使劲想扭身下车，却发现身后的乘客也不知是怎的，竟然奋力挤得她无法动弹。

一瞬间，张女士还有些抱怨晚高峰的拥堵，可她下意识地将手伸进衣兜时，忽然后脊梁一阵凉意。"我钱包不见了！"几乎在感觉到凉意的同时，她脱口而出喊出这一句来。

听到妻子喊钱包丢了，小贾顿时也慌了神，急忙拨开身前的人群向妻子快步走去。张女士紧绷着神经，似乎已经有些不知所措了。她只是反复绝望地重复喊着："我钱包丢了！我钱包丢了……"

街头扒窃

正在张女士惊慌失措的时候，一位面色黝黑、身材削瘦的男子轻轻地拍了她的肩膀。她急忙回头查看，男子却凑在她的耳边低身说："到派出所找您丢的东西吧。"话音刚落，男子便将一张蓝色小卡片塞到了张女士的手中。

不明就里的张女士和丈夫一起，就着昏暗的路灯看着卡片。这才发现，这是一张"警民联系卡"，下面的几行小字上，写着"如果您的财物丢失、被盗，请与张惠领联系"。并且还留着张警官的手机号码。一股暖流涌入张女士的心中，她这才恍然大悟，虽然自己的钱包丢了，可大名鼎鼎的神探张惠领早已布下天罗地网，将对自己下手的蟊贼一举擒下。

刚发现钱包丢了，竟然便衣民警就送来了"警民联系卡"，这事咋听着这么不可思议呢？事情还得从张女士丢钱包之前的一个小时说起。

一个小时前，张惠领和另外两名便衣民警在公交站附近巡逻时，发现有一伙人形迹十分可疑。他们三三两两地总是很分散，但相互的距离却又不太远。为首的一名高个儿男子，总是在公交站趁着人多的时候扒门堵人，而且即使是上了车，仅仅一站地的距离

■ 几名嫌疑人配合作案，有人扒住车门问路是为了故意堵住着急上车的乘客，制造拥堵，而旁边的同伙则刻意在张女士身边拥挤，分散张女士的注意力，让她无法感觉到有人正在掏自己的衣兜。而且如此一来，她和丈夫也就分开，丈夫也无法及时发现异常。因此，您最好不要把贵重物品放在外衣的衣兜里，如果您在候车时遇到这样的情形，应该第一时间确认兜里的贵重物品是否安全存放。或者干脆不要在人群中拥挤，可用语言和身边的人沟通，双手及时插进自己的衣兜护住财物，要求下车，让窃贼无从下手。

>> 亨特张 说防范

便又下车。

这伙人来来回回在海淀区的白颐路两侧的人民大学站和黄庄站游走，总是盯着等车的乘客的衣兜和身后的背包。心思缜密的张惠领并不着急现身，因为当时夜幕已经降临，即使是一路跟着，也很难确定这伙人究竟有几个。如果贸然下手抓了高个儿，其他几个看似可疑又不能确定是不是同伙的男子，就会马上四处走散。

正在"盯梢"工作陷入僵局时，高个儿的一个举动，让张惠领眼前一亮！

高个儿男子朝着人民大学站旁的一个卖冰糖葫芦的流动摊贩走去，"呼啦"一下，摊位前就聚起了另外5名男子。高个儿男子给了摊贩6串糖葫芦的钱，这6人人手拿起一串糖葫芦，美滋滋地吃了起来。看到这一幕，张惠领兴奋地一拍大腿："这6人肯定是一伙儿的！"

在激动过后，张惠领马上冷静了下来——对方6个人，民警这边就3人，如果马上出手肯定顾不过来。老张不动声色地掏出手机，向派出所领导汇报请求支援。挂掉电话后，他又开始密切地盯着这6人的行踪。

不到5分钟的时间，支援警力已经赶到现场，就在身穿便衣的民警们不动声色地分

■ 遇到此类事件时，最好不要惊慌。要记住自己越是不知所措，反而越是给窃贼提供了更多逃跑、转移赃物的时间。最好的做法是马上报警，并冷静下来仔细回忆刚刚自己经历的时间过程，在民警赶到现场时能够第一时间指认出自己认为可疑的人员，让民警前来调查。或者记清楚自己刚刚要乘坐的公交线路车牌号。因为随着技术进步，已经有大量公交车在出入口处都安装了监控探头，这些设备可以给民警及时侦破案件发现作案人提供极为有利的条件，也能作为警方惩处窃贼的有力证据。

▣ 张惠领在街头定点观察情况

头盯人的时候,这伙人便对张女士下了手。张女士惊慌之下的呼喊,很可能让这伙人马上从车站四散逃窜。张惠领赶紧给张女士递去一张"警民联系卡",又一个眼色递给身旁的民警们,大家立刻心领神会,一个箭步冲上去分头控制这6人。

就在老张冲向高个儿的一瞬间,看到同伙被抓的高个儿,左手忽然伸进了衣兜。"不好!他要掏家伙!"张惠领一个激灵,一把攥住了高个儿的左臂。身材高大的高个儿哪肯顺从,使出了吃奶的劲儿和老张推搡起来。抓捕现场地处公交站,两人身后聚集了大量等车的乘客,一旦让高个儿男子掏出了凶器,后果不堪设想。

■ 现在,不少窃贼在作案时,为了"壮胆儿"或逃避被捕,会携带凶器。因此,事主如果发现窃贼正在作案,最好不要和他们起正面的冲突。应当用眼神或动作示意窃贼,自己已经发现了他正在作案,然后远离窃贼再伺机报警,或者转向售票员、司机等司乘人员身边,悄然寻求帮助。不要和窃贼起冲突,以免将其激怒反而给自己的人身安全带来不必要的伤害。

老张紧咬牙关死死攥住高个儿的左臂,在推搡中老张只觉自己的左手小拇指一阵钻心的疼痛传来。最终在民警的合力擒拿下,高个儿男子这才乖乖就范。老张立即从高个儿的左兜里,掏出了一个刀片来。

拿起刀片后,老张长长地舒了口气,他这才感觉自己的左手小拇指上有股热流淌过。举手一看,才发现小拇指的指甲已经脱落,汩汩的鲜血顺着手指滴落下来。

随后,灰头土脸的6个蟊贼被扭送回了双榆树派出所。经过审查,他们交代从当天下午开始,6人从军博车站坐车到人民大学附近,趁着下班高峰时段趁机扒窃乘客的财物。

这伙人分工明确,只要公交车一进站,高个儿男子仗着自己"大块头"的身材优势堵住车门,其他同伙就立即开始挤着要上车,乘客们被他们夹在中间,上车也不是、下车也不能。而就在这"前后夹击"中,"三只手"悄悄偷走乘客的财物。最终,民警在这伙人身上,起获了被盗手机10部和MP4一部。

■ 起获的扒窃赃物

JIETOU PAQIE 街头扒窃

街头扒手雇车作案
双榆树便衣果断擒贼

2007年11月22日下午，北三环联想桥下，来来往往的车辆已经排起了长龙。赶上晚高峰，就是再着急回家，也只能无可奈何。不少并不着急回家的白领，开始在马路旁的餐馆里吃起了晚饭。

下午5点多，张惠领又带着探组成员，在这附近开始巡逻了。傍晚的秋风带来阵阵凉意，老张拉了拉袖口，借着昏暗的路灯，在联想桥北侧向南走着。

刚刚走到联想桥下的十字路口，老张似乎就发现了什么。他看到桥下有两男一女三人，总是盯着过街行人身上背的包，似乎在刻意寻找着什么。此时的十字路口车来车往，这伙人根本就没留神过穿梭往来的汽车，好几次有汽车差点刮到他们，司机还气愤地按了喇叭表示"抗议"。

■ 如果您在路上遇到这样眼神漂移、行动可疑的人员，就应该在第一时间加强自己的防范意识，背着的包立即转移到胸前，兜里有贵重物品的及时转移贴身放置，并尽量远离这些人群。窃贼如果已经盯上了你，你的这些举动也无疑是在告诉对方，你已经发现了他们的计划。他们也不敢再盯着您的财物下手了。

■ 虽然窃贼下手并未成功，但这也只是由于行人行走速度过快造成的，属于幸运地被动避免被盗。所以，在上下班高峰期，最好不要把背包背在身后，尤其不要在背包的外侧口袋里放置任何贵重物品。而且单身女性在傍晚背挎包、拿手包在路边行走的举动，很可能也会招来抢夺分子。

■ 民警审问拎包贼

就这样，三人沿着北三环外环的人行横道向西走，走到一个拉面馆的时候，三人停住脚步似乎打算吃饭。这时，老张发现，一个男子又返回到马路旁边招手示意，不一会儿，一辆红色的爱丽舍轿车就停在了男子身边。从车里走下一个青年男子，和这三人一起，走进了拉面馆开始吃饭。

难道这个司机和这三个可疑的行人是一起的？老张心里合计着，"盯紧点，还有刚刚那个司机，咱也要盯住。如果他们敢偷东西，今天就让他们住咱派出所里！"老张回头跟探组成员嘱咐道。由于担心这四人一旦得手就会立即钻进爱丽舍轿车里逃窜，到时候再抓捕显然会措手不及，老张拿起电话，向派出所值班的民警汇报，要求同事增派力量前来支援。

随后，这四人吃完拉面，便开始沿着辅路行走。眼尖的老张发现，司机又打算往车里走，而此时刚刚形迹可疑的三人，已经开始下手摸一个过路男子的背包了。他们三人始终和男子保持平行，两人负责掩护，另外一人则开始试图拉开行人背包的拉链。而这一幕，全部被老张用DV记录了下来。最终，由于过路男子的行走速度太快，他们未能得手。

老张想，当时正值下班高峰期，街面上人流量太大，贸然抓捕的话很可能会失败。于是他通过电话开始和支援警力商量起抓捕方案来。老张说，由于支援警力都身穿警服，所以先由便衣民警将四名嫌疑人分别控制后，制服民警再现身参与抓捕，这样既不会让这伙人有所察觉四处逃窜，也保证了抓捕力量能够将他们一网打尽。

晚6点半，双榆树派出所增援力量已经同便衣探组民警会合，在四名嫌疑人行至四通桥西侧时，忽然老张一个箭步冲了上去，按住了其中一名男子，几乎就在同时，其他几位探组成员，也分别下手将另外三人摁倒在地。

"你们干吗！打人啦！"看到自己被身穿便装的民警摁倒，四人竟不明就里地开始呼号，引来不少群众的围观。不少路过此地的路人开始还以为是一帮人在路边打架，直到看到制服民警出现，大家才明白过来，这是便衣警察在抓小偷。

老张安排民警将四人扭送回派出所后，当场在嫌疑人驾驶的红色爱丽舍轿车里找到两部手机、一张手机卡和一个钱包。嫌疑人最终交代，这些物品都是当天上午在其他地方扒窃所得的赃物。

在双榆树派出所，四人分别交代了自己的犯罪事实。其中一人告诉民警，他和古某等两人在街上扒窃行人的背包，为了方便逃跑，还特意雇来了陈某开车，一旦得手三人就马上坐车逃窜。陈某还告诉老张，古某等三人每天给他300元劳务费，最终四人都被海淀警方刑事拘留。

> 亨特张 说防范

神探亨特张早市设伏月余 再擒镊子贼

■ 从季节上来看，扒窃案件多发于春秋两个季节。这是因为在冬季，人们穿着厚实，出于安全考虑，很多人选择把钱放在外套里层，导致扒窃违法犯罪嫌疑人不便于下手行窃。在夏季，人们衣着单薄，感知能力较强，能够较及时地作出反应，增加了嫌疑人被发现的风险。而春秋两季，人们衣着既不厚实也不单薄，触觉相对迟钝，因此较易被窃。

两名窃贼外地来京专偷早市，雇用黑车专门接送，凌晨4点出门早上6点收工，手持大号镊子探囊取物，为方便行窃在地图上标注各大早市位置。最终，流窜早市行窃的团伙栽在"亨特张"手中。

2011年9月20日清晨，还不到6点，老张就出现在了辖区的早市当中了。随着秋天的来临，人们的衣着逐渐加厚，贴身盗窃财物的案件开始变得容易发生了。面对这样的情况，老张特意拉长了巡逻管控的时间，将平常早上7点巡逻的习惯，提前了一个半钟头，改到5点多开始。

早上6点，设伏半个小时后，老张还没有发现什么异常。可在经过一个卖土豆的摊位前时，老张似乎有所发现。

"都来看一看喽，土豆便宜卖喽！"虽然还只是早上6点，可小贩的吆喝声引来了一大群买菜的市民围在摊位边上。一名老大妈正在"忘我"地埋头挑着土豆，而至于旁边发生了什么，大妈似乎根本没有在意。就在这时，两名男子一左一右地围在了大妈身边，趁着大妈挑选土豆的时候，俩人相互使了个眼色，开始低头看着大妈兜里都装了什么。似乎是发现大妈的兜里没有钱包，他们又转而盯上了大妈的购物车。

一分钟后，前面的男子忽然从裤兜里摸出一个大号镊子，藏在衣袖里，悄悄向"买菜大姐"购物车上的零钱袋里伸去，两三秒后，一百多元零钱全进了男子口袋，而"买菜大姐"浑然不觉，依然在认真地挑着土豆。

这一切被老张和他的同事尽收眼底，就在同事用眼神示意老张是否动手擒贼时，老张摇了摇头，示意大伙再等等。老张觉得，早上6点就能跑到早市来偷东西，可能还有交通工具甚至是有人接应他们，如果贸然动手，抓了这俩人，那么在一旁接应的同伙或者作案车辆就可能成了漏网之鱼。老张示意大家沉住气，他让队员兵分两路，一队继续跟窃贼，一路向早市外围扩散，寻找接应者。

■ 扒窃分子在挑选作案对象时，最喜欢挑选正在专注于某一特定事物的事主。在本案中，事主的主要精力都放在了挑选土豆上，对于身边的其他异常情况就放松了警惕。客观上来说，给了不法分子可乘之机。两名扒手之所以能够从容地先观察了事主的衣兜，而且发现衣兜里并无财物，然后又把目光聚集在了购物车上，这一过程需要专注地观察，如果事主当时存有防范意识，肯定能够在第一时间发现异常不给扒手行窃的机会。此外，事主在挑选土豆时，把购物车放在了自己的视线之外，也给扒手提供了作案便利条件。因此，在遇到类似情况时，事主应当把购物车放在自己的身前或至少应在自己的视线范围以内。而且尽可能不在购物车里放置现金、手机等贵重财物。如果窃贼发现购物车里全是菜而没有财物，无利可图后，他们也不会再继续作案的。

亨特张 说防范

果然，不到10分钟，前往外围调查的侦查员就发现不远处有辆车停靠在路边。车虽然熄了火，但有一个男子蹲在路边，神色特别紧张，还时不时地抬头向早市里瞥上几眼。

最终，在两名窃贼准备再次下手时，侦查员立刻扑上去，将两人抓获。似乎是听到了抓捕的喧杂声，早市外的男子立即起身准备打开车门离开，结果被一旁守候的侦查员拦住了。"我们是警察，你先别着急走。"侦查员刚刚开口，男子就像触电了一般，一下缩回了准备打开车门的右手，还"此地无银三百两"地连连摆手，称自己不是和他们一伙的。

三人被带回了派出所，经审讯为首的赵某交代了他们在全市早市流窜行窃多起的犯罪事实。老张发现，赵某和那名与他一起盗窃的同伙两人以前都因为盗窃被警方处理过，结果回归社会后，俩人都觉得自己一没学历二没技能，要是打零工不但挣钱少而且太辛苦，所以不愿意找工作。而且，他们还因为赌博，欠了别人很多钱，就是靠打工想还上钱也得等到猴年马月了。所以，他们索性重操旧业，又开始盗窃了。

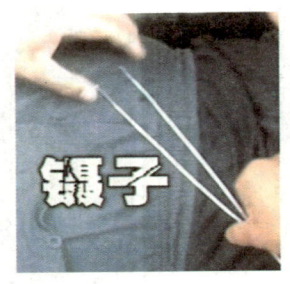

■ 扒手喜欢在早市作案，就是瞅准了前往早市购物的群众必然要携带现金买菜。所以，事主应该把现金等财物贴身放置，如果因衣着单薄无处放置，在去早市买菜前，可以使用较小的能够握在手上的手包，而且出门前应做好预算，不要携带大量现金，这样即使是窃贼得手，自己的损失也不至于太大。

因为有以前的"从业经验",所以他们一开始就看准了早市人流量大,环境嘈杂的特点。"你想啊,去早市买东西的人,怎么可能不带钱呢。"赵某一摊双手,向民警坦白说,自从发现早市里购物的市民最爱拉着带轮子的购物车后,他们就买来了大号镊子,再经过自己的改造,即使是连手掌大小的手机,都能神不知鬼不觉地夹出来。为提高盗窃效率,俩人还雇来了黑车司机夏某专门负责接送,三人平分盗窃所得。

随后,让老张惊讶的一幕出现了。当老张带着侦查员前往这两人的暂住地搜查时,竟在墙上发现了一张北京地图。在地图上,只要是北京规模较大的早市,都被他们给醒目地标了出来,俩窃贼每天便按照这张地图,让夏某开车带着他们流窜在各大早市之中作案。

"唉!有这心思,好好用在工作上,不也能挣点钱嘛!"老张指着这幅地图,叹了口气,无奈地和身边的同事说道。

■ 上了年纪的事主,由于每天买菜时负重能力有限,都喜欢使用带轮子的购物车。这原本是无可厚非的事情。但由于这种购物车在使用时一般都是拉在身后,整个车都不在自己的视线范围内,给了窃贼下手的机会。因此有条件的事主可以选购能够放在身前推行的购物车,不要在购物车里装现金和财物。此外,也可以给购物车口袋处扎上一个绳子,在早市买菜时扎紧袋口。购物车口袋扎紧后,窃贼在作案时无疑要耗费很长时间打开袋口,还要防止被事主和他人发现。所以往往他们看到这样的购物车,都不会把它当作自己的作案目标。

■ 张惠领带队员在车站蹲守

四女结伙盗窃 神探出手擒贼

2012年10月2日，国庆长假的第二天晚上。北三环四通桥的东北角一家超市外，摆满了卖手机壳、头饰、化妆品和各类小玩具的地摊。这是国庆长假的第二天，来来往往的行人不时蹲在地摊前挑选着自己中意的商品，商贩的吆喝、顾客的讨价还价，路灯下的"夜间自由市场"显得十分喧闹。

对于张惠领来说，自从干上了便衣打扒，这么多年还真就没有休过一次国庆长假。站在人流边上的水泥台阶旁，老张愣愣地看着来来往往的人流出神，超市门口闪烁的霓虹灯，让他觉得有些晃眼。"唉，干这行的，注定和长假无缘了。"老张略带自嘲地想着，为了避让身边的行人，他随即又向前挪了几步。

已经是晚上 7 点多了，可"自由市场"的顾客却似乎更来了精神，老张知道，越是这个时候，贼就越爱光顾，所以他不敢收班回家。"至少也要等到过了 10 点吧。"老张掏出手机看了一眼时间，给自己定了今天加班的最低时限。

刚刚装起手机，老张就发现，在自己刚刚站过的水泥台子前，坐下来四个青年女子。她们四人坐在地上，眼瞅着挑选商品的顾客，显得十分专注。这四人看起来衣着整齐，不像是要挑选商品的样子，就这样一直坐在台阶上似乎在寻找着什么。老张试着半蹲下来，以这四位女子的高度扫视一圈，发现视线刚好就是过往人群的衣兜。刚刚还因为加班倍感劳累的老张，忽然眼前一亮精神了不少。

张惠领不动声色地混在人群中，不时回头观察她们。有时候还装作接电话的样子，围着她们四人身边走过。过了一会儿，这四名女子忽然站起身来，拍了拍身后的尘土，两两一组分开了。"如果她们真是小偷，估计是准备要下手了。"老张想着，他迅速掏出手机和在其他地方蹲守巡逻的探组成员取得联系。

■ 别看晚上的路边市场人来人往十分热闹，窃贼就爱趁乱隐藏在人群中作案，一方面是因为人多，嘈杂的环境能够给他们作案带来便利，另一方面，晚上的灯光相对于白天肯定比较昏暗，再加上事主在这样的环境中专心挑选商品，就更容易让不法分子得手。

身穿便装的探组成员聚集在老张身边，由于担心惊动了四个女子，大伙都装作若无其事的样子站在那里，有的在抽烟，有的则两两相对假装聊天。其实，大伙都已经竖着耳朵，等候老张布置跟踪抓捕工作。老张把大伙分成了两组，分别跟踪这四名女子。

刚刚分配完毕，老张就发现，他自己负责跟踪的两名女子，正站在超市门口，尾随着一个背着蓝色背包的女孩，一个女子负责望风，另一人伸手在女孩的上衣兜里摸索着，不到半分钟的时间她就将女孩背包外兜里的白色苹果手机掏了出来。这一幕被老张尽收眼底，甚至连被盗女孩身旁的一位男同学，竟然都没有发现异常。

看到女子得手，为了不打草惊蛇，老张和同伴不动声色地紧跟两人，直到发现另外两名女子不在视线中后，在华星电影院门口老张才下令将这两个偷了手机的女子控制。就在这时，另一组跟踪民警也传来消息，另外两名女子在科学院南路也刚刚下手盗窃事主的现金，被民警当场擒获。随后，便衣探组将四名女子带回了双榆树派出所。

所里的同事开始忙着审讯着这四个女子，老张则开始准备寻找手机的主人。老张发现，两个偷手机的女子"技艺"高超，刚

■ 别看贼都是刻意掩饰自己寻找作案目标的眼神、动作，但其实他们越是想掩饰，往往更让旁观者觉得他们别扭。此案中，4人坐在水泥台旁，既不挑选商品，又不是坐下休息。她们坐在台阶上，视觉的角度正好能够看到路人的衣兜。在她们看来，这样寻找作案目标可能十分隐蔽，但在经验丰富的便衣民警的眼中，这就是最可疑的举动之一了。

■ 窃贼在下手之前，一般都不会一起涌向下手目标，因为这样一来事主就会有所察觉。所以他们都会采取"迂回"的策略，先是分开各自行走，然后趁着事主不注意的时候再逐个贴近事主，伺机盗窃。在公共场所看到一群人时聚时散，还总是尾随在路人身边时，就要格外留意自身财物了。

刚把手机拿出，就已经顺势关机。再狡猾的狐狸也逃不过猎人的眼睛，老张摇摇头，笑了起来，并随手把手机再次开启。

手机的屏幕刚刚亮起来，一阵铃声就响起来了。老张立即接起电话，"您好，我是……"话还没说完，对方便劈头盖脸地质问起来："你是谁啊？我手机怎么在你那儿？"

听着小姑娘急切的语气，老张赶紧解释道："我是双榆树派出所的民警，小姑娘，你手机被人偷了，我们刚刚破案，你现在来派出所取手机顺便录口供吧。"

"哎哎！好咧，我马上过来！"小姑娘惊喜的语气透过电话传了过来，想着刚刚被偷时的情形，老张觉得这个女孩和自己闺女的岁数差不多，不由得嘴角又浮现出一丝微笑，一天加班的疲惫一扫而光。

"小姑娘，你知道双榆树派出所在哪儿吗？我们去年搬地方了，你顺着三环外环辅路先奔东走，走到联想桥这边……"老张细致地开始告诉小女孩怎么找到派出所。

挂了电话，老张坐在派出所值班大厅的椅子上开始闭目养神，不到10分钟的时间，手机又接通了。老张一睁开双眼，就看见小女孩在刚刚那个男同学的陪同下，站在派出

■ 扒窃分子最喜欢在超市、商场的出入口下手作案，一则是因为此处人流集中，行人间肢体触碰的可能性比较大，即使有时被事主察觉有人碰到自己，也不会太过于留意。另外一方面，一般在这些出入口，都会有挂帘、旋转门等物品，也能起到遮挡事主视线和分散其注意力的作用。原本此处就是窃贼下手的最佳选择地点之一，而且小女孩还背着一个背包，背包在身后事主无法察觉，还将手机放在了最外侧的兜里，即使是拉着拉链，由于手机特有的形状，窃贼马上就能识别并下手盗窃。

■ 在盗窃手机的案件中，不少嫌疑人在得手后第一件事就是立即把手机关闭。这样即使事主及时发现手机丢失拨打电话也无法打通，无法让事主锁定嫌疑人。所以，平时使用手机时最好不要设置在会议或静音状态，有条件的事主可以通过手机的设置来改变关机的操作流程，让窃贼不能立即关闭手机，给自己锁定嫌疑人提供更多的时间。如今，智能手机的防盗软件也十分流行，可以下载使用相关软件，遇到此类情况时，使用软件来锁定手机所在位置，便于侦查员及时找到嫌疑人，降低或避免自己的财产损失。

所门口举着电话。听到自己手机熟悉的铃声，她正兴奋地向老张跑了过来。

小女孩站在老张面前，还显得有些惊讶。"叔叔，您是警察吗？我怎么看您没穿警服啊？"

"噢，我是干便衣打扒的，一般都不穿制服。你看这是你的手机吧？"老张摊开右手，托着白色的苹果手机问着女孩子。

"对对对，就是我的手机，我都不知道什么时候手机不见的，我真的一点感觉都没有啊。"小女孩不住地点头，兴奋地说，她本来打算到超市购物，可刚刚走进超市就发现手机丢了。身旁的同伴立即拨打她的手机号，可发现已经关机。两人立即意识到手机被偷了。

情急之下，两人竟忘了报警，同伴一直在反复拨打小女孩的手机，开始一直关机，在反复拨打了数十次之后，没想到最终手机居然接通了，电话那头的老张让她来派出所协助调查。

"从我发现手机被偷到打通电话，前后不到十几分钟的时间，我还没来得及报警，手机就失而复得了。太意外了！"小姑娘接过手机，庆幸地说道。

▪ 张惠领与自己的队员一起在街上巡逻

而这时,一旁的派出所保安也跑过来起哄。保安员指着女孩后边派出所墙上贴着的《神探亨特张》的海报,笑着和小女孩说:"你看,墙上这人眼熟不?"

小女孩回过头看了下海报,"呀!"的一声脱口而出。"叔叔,您就是电影里的主角啊?不不,我说错了,应该是电影里的主角演的就是您啊?"小女孩竟然激动得有些语无伦次,"那电影我看过了,没想到帮我找到手机的民警竟然就是神探本人啊!"

在给女孩录完口供后,老张看看时间,已经是晚上8点多了。老张嘱咐小女孩今后逛街要小心,不要把贵重物品放在身后的背包里后,这才目送着女孩离开了派出所。

▪ 此案中的小女孩是幸运的,但是并不是所有的手机被窃案件都会在第一时间被民警侦破,所以最好还是在发现手机已经被关机后,第一时间报警寻求帮助,而不是自己一直反复拨打已经关机的手机。及时报警有利于民警迅速到达事发现场,及时开展工作,不给窃贼留下更多的逃窜时间。

>> 亨特张 说防范

"亨特张"出手 打掉一扒窃团伙

2011年11月2日傍晚6点多，天已经黑了下来。张惠领正在双榆树超市后边狭窄的胡同中巡逻，手机忽然响起来了。"张哥，忙着呢吧，你在哪儿啊？我得找你给我谈谈地铁怎么防丢手机的提示。"老张一下就听出，电话那头是一个报社记者，就住在自己的辖区里。

"我在巡逻呢，你在家吗，要不你来找我，咱俩一块儿边巡逻边聊呗。"老张开起了玩笑，"可先说好啊，陪我巡逻可不发工资的！"

不到5分钟的时间，记者就从家里出来找到了老张，俩人就在四通桥附近的小吃街上一边溜达，一边谈起了如何防偷的要点来。话还没说几句，老张的电话忽然响起来了。老张看了一下号码，示意记者先别说话，马上接起了电话。

"在哪儿？刚刚偷完吗？好，我马上过去！"老张挂了电话，示意记者跟上自己，回头又问了一句，"你带相机了吗？"

记者这才明白，采访的过程中遇到"突发新闻"了，老张要去抓贼了。记者兴奋地从脖子上取出相机，高兴地说"带着呢，您知道我的习惯……"

话还没说完，此刻心思已经全部在抓贼上的老张就打断了他，"好，正好今天我DV没电了，你一会儿帮我拍照留证！跟着我走！"

说着，老张也顾不上记者是否能跟上自己，掉头就往过街天桥上走去。一边走一边还开始打电话给派出所要求警力支援。

JIETOU PAQIE   街头扒窃

■ 张惠领向群众了解情况

刚从过街天桥下来，老张就遇上了一名巡逻队员。"人呢？你们没有跟丢吧？"老张满脸严肃地问着队员。此时队员正骑着自行车，气喘吁吁地对老张说，"没有，人往联想桥走了，咱们的人跟着呢。"

"赶紧走！"老张一挥手，身后的队员和记者都赶紧快步跟了上去。一边走，队员一边向老张说，刚刚他们在巡逻的时候，发现一名女子就在老张刚刚经过的过街天桥上，用钩子把一名骑车经过的学生放在车筐里的手机给钩走了。

"跟着她，肯定有同伙！"张惠领一边说，一边掏出手机，再次催促派出所支援的警力过来。正在这时，老张远远地看见，巡逻队员正跟着的这名行窃的女子突然和另一女子会合，两人钻进一辆黑色轿车中，向联想桥南侧驶去。

■ 本案中，事主把自己的手机放在了自行车车筐里。有些自行车车筐看起来是十分结实牢固，但由于车筐都是缝隙，窃贼能很直观地看到车筐里放置的财物，从而迅速确定作案目标。此案中的事主推着自行车过天桥，而窃贼用挂钩直接钩住了手机，这种作案手法十分迅速，事主来不及反应时，扒手就已经逃窜。因此，切勿把贵重物品放在自行车车筐里。除了贵重物品外，把包直接放在车筐里也不是明智的选择，狡猾的扒手可能会一把夺过包迅速逃离现场。明智的做法是把包放在车筐的同时，可以把包的带子在车把、车筐横梁等部位牢固地缠上几圈固定住。这样一来，窃贼即使是想夺包，但由于包已经被固定，往往无法成功。

JIETOU PAQIE | 75

"不好！她们要坐车走了。赶紧通知派出所派警车！得堵住她们！"老张有些急了，回头对队员几乎是吼出来这句话。队员立即点点头，又开始打电话。

这时，巡逻的队员越聚越多，大家都来不及多想，根本顾不上等待支援警力，就骑着自行车跟在轿车身后。眼看轿车消失在视线中，就在这时，双榆树派出所三辆警车呼啸而至，停在老张身边。老张立即钻入车内向前追赶。"控制住嫌疑人！"老张上车立即用手机通知三名队员。车门一关，老张这才发现，那位记者还没来得及上车呢。可顾不了那么多了，抓贼要紧，老张指挥着警车赶紧向黑色轿车行驶的方向奔去。

由于晚高峰时的道路十分拥堵，黑色轿车被堵在了联想桥南边的车流当中，正好是赶上了红灯动弹不得。三名队员立即赶了过去，用自行车拦住了黑色比亚迪轿车。可车里的人似乎不甘心就这样被抓，竟然疯狂地踩了脚油门，似乎想用轰鸣的发动机声，警告巡逻队员不要靠近自己。可巡逻队员哪里顾得上这些，他们机智地用自行车挡在轿车的前后轮子旁，使劲敲着车门要求车里的四人下车。

就在这时，三辆警车从便道上呼啸而至，赶在红绿灯变灯之前，从前方和左右两侧将比亚迪围堵在中间。车上三女一男四人这才把汽车熄火，准备下车乖乖就范。就在这时，刚刚那个记者正骑着一个巡逻队员的自行车，赶了过来。看到老张刚刚把车拦住，记者来不及停车，直接从自行车上跳了下来，自行车啪地一下撞上路边的隔离带上倒在地上，记者则举着相机开始拍照。

这突如其来的一幕惊心动魄的抓捕现场，再加上记者相机闪光灯的作用，路旁的行人全都聚拢在人行便道上围观了起来。当看到

JIETOU PAQIE 街头扒窃

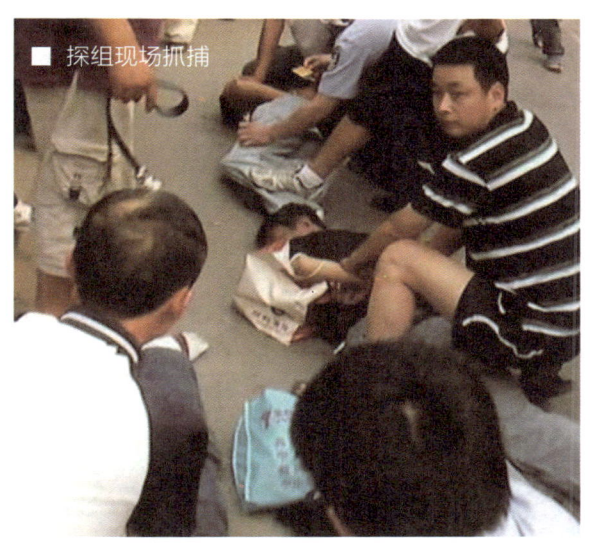

▶ 探组现场抓捕

是便衣民警在抓驾车逃窜的小偷后，众人发出雷鸣般的掌声。

"原来是那个便衣，还真厉害！"事主小王是一名大学生，自己刚刚知道手机被盗，就看到了张惠领已经把窃贼抓到了，小王激动地说，"我还没来得及报警，他都已经把人给抓了。"

晚上7时许，四人被带回派出所。看着自己失而复得的手机，事主小王说自己"太幸运"。"当时我看他们把我手机钩走时，整个人都蒙了，要不是巡逻队员及时追赶，我的手机肯定拿不回来了。"小王笑着说道。🔍

■ 在发现自己的财物被窃贼抢夺后，一定要冷静对待，不知所措的后果只能为窃贼赢得更多的逃窜时间。如果窃贼已经逃跑，要立刻记住他们的逃窜方向和体貌特征。最好的办法是记住他们穿的鞋子有何特征。狡猾的窃贼在逃跑时，有时会脱下或互换衣服、帽子，改变自己的衣着特点以便逃脱民警的追击。但是，相对于衣服、帽子等物品，要想换鞋子则十分不易。窃贼不可能带着另外一双鞋子作案，更不可能脱了鞋光脚逃走。另外，也需要注意的是，如果事发地段人流密集，大街上行人众多，可以立即呼喊求助，让路人帮忙报警。但如果事发地点人迹稀少、地处偏僻，则不要轻易呼喊，以免窃贼铤而走险给自己带来不必要的伤害。

>> 亨特张说防范

神探提示

SHENTANTISHI

神探教您如何识扒手

张惠领警官认为在反扒工作实战中，识别是基础，跟踪是手段，抓获是目的，他从多年的反扒实践中摸索出了一套较为有效的工作方法。

犯罪识别不能只是依靠偶然的机遇。犯罪心理学研究表明，受犯罪心理影响和支配的犯罪行为与一般日常行为相比，具有较明显的外部特征，这就使犯罪识别成为可能。

扒窃违法犯罪嫌疑人在非法窃取他人财物的犯罪动机驱使下，必然会表现出异于常人的表象特征。当嫌疑人打算作案时，为蒙混过关必须要掩饰细节，而群众成功识别的要诀就在于捕捉其种种细节。

▎看眼神表情

眼睛是心灵的窗户。眼神即指人在观察、思考或实施某一动作行为时眼睛所表露出来的神态。眼神与人的动作行为之间有着密切的联系，通过观察人的眼神，就可以推测出其在想什么、想干什么等内心活动。

根据美国心理学家阿尔伯特·麦拉宾的研究，在面对面的人际交流中，对信息的捕捉55%来自非语言信息，人类通过感觉器官所接受的全部信息中，视觉占65%，凸显眼睛的重要性。

扒窃违法犯罪嫌疑人的眼神与一般人有着明显的不同，不论他是初犯还是累犯，也不管他表现得多么老练，装得多么沉着，但只要是贼，两眼发"贼光"的眼神必定与一般人不同，会给人一种贼眉鼠眼的感觉。很多案例中大家如此描述这些人："目光不停地四处乱瞟，好像在寻找什么"；遭遇民警时，"掩饰的目光掠过一丝恐慌"；"躲避民警视线"；"眼神相对瞬间慌张"；"用眼神与同伙联络"等。这主要是因为其行为目的一是观察动静，看有无民警跟踪或被周围群众注意；二是追踪作案对象观察他人的衣袋、钱包、背包、书包、挎包等。"顾客进店眼看货，扒手进店眼看包"，其外在表现是寻找目标时眼珠四转，观察动静时或侧目斜视，或环顾四周；作案时，两眼发直；作案得逞后，用余光观人。另外，团伙嫌疑人之间基本没有语言交流，彼此之间以眼神传递信息，配合较为默契，目光停留在行人的背包、口袋等部位，很少上下打量人的体貌特征，同时又很警觉地四处张望。而这里的表情是特指扒窃拎包违法犯罪嫌疑人在整个作案过程中由于高度紧张而在面部所表现出来的呆滞、专注、紧绷等神态。

▍看衣着物品

衣着打扮是人们在日常生活中的一种习惯表现。扒窃拎包违法犯罪嫌疑人的着装打扮在各个时期和各个地域都有不同的规律特征，只要注意观察总结扒窃拎包违法犯罪嫌疑人的着装打扮和特点，就能够较好地利用衣着识别嫌疑人。嫌疑人在公共场所总想把自己装扮成正常人，但伪装就是伪装，很难做到表里如一。因为他们文化素养普遍较低，言谈举止粗鲁庸俗，显得不协调，而且违法犯罪嫌疑人在作案中心理也异于常人，就算伪装得再好也会露出破绽。在长期的实战中，老张发现，扒窃违法犯罪嫌疑人上身多穿干净整洁的休闲装或运动服装，下身多穿牛仔裤或休闲裤，脚上多穿旅游鞋或系带休闲鞋，结伙作案的违法犯罪嫌疑人穿着打扮往往相似、部分一样或完全一样。旅游鞋和系带休闲鞋不仅合脚而且便于得手后迅速逃离现场。

另外，使用作案工具的嫌疑人衣着也有特点。在使用医用大镊子扒窃的案件，违法犯罪嫌疑人喜欢选择有宽大袖子的衣服，这样在作案时持镊子的手蜷曲半握用大袖子遮挡，从而防止镊子从袖筒中外露或掉出来。

此外，扒窃拎包违法犯罪嫌疑人与正常群众在携带物品方面也有差异。他们一般很少携带笨重的行李物品，手中常拿的就是用来掩护其扒窃行为的衣服、书报等物品，犯罪团伙中，通常有一人或两人拎环保袋或斜挎比较大的书包，以便作案后马上将赃物转移。

看动作举止

动作举止是一个人在较长时间的生活、劳动、工作中逐渐形成的一种带有习惯性的动作表现，能够反映人的文化水平、修养、性格等特点，也会暴露出其一定的职业特征。动作作为人类最初的语言，也是最真实可靠的语言。口头语言会撒谎，但身体是诚

JIETOU PAQIE 街头扒窃

实的。扒窃违法犯罪嫌疑人在预备和实施犯罪的过程中反常的动作举止很多。

嫌疑人在寻找作案目标时表现为看似在寻找什么人或东西，心神不宁，来回走动，到处寻找，有意碰撞被害人。在人群拥挤的商场、餐饮店、影剧院、超市或火车站挤来挤去，既不选购商品，也不上前买票，有的装作在打手机来掩人耳目。如在公交车站作案的嫌疑人，不似等车的群众专注于来车方向，而是徘徊走动，坐立不安。

嫌疑人在发现目标后，会立即贴近，尾随其后伺机作案，并与被害人保持一定的距离，在其认为合适的时候下手。

嫌疑人会时不时用手背或手指触碰被害人衣兜，借机试探衣兜内是否有钱物。如在公交车站，嫌疑人习惯在车停下时到车门处使劲往上挤，但又不上车，有时卡在车门处不上不下，用手背和手指接触上下车人的衣兜和提包。在上车之后，他们不去车厢内人少空

■ 张惠领向群众讲解偷窃手法和防范技巧

地处，而专门往人多的地方挤，趁机用手或胳膊触摸别人的衣兜。在公交车或地铁行驶的过程中，嫌疑人身体不是随着惯性作用前后左右晃动，而是逆方向把身体倒向乘客身上，借机进行试探。一旦试探成功，其继而采取的同样行为就可迅速演化为违法犯罪行为。

看犯罪行为

扒窃违法犯罪嫌疑人作案时的动作特点会受到空间特征的影响。一般在人员并不拥挤的餐厅内，嫌疑人与受害人并排或背靠背而坐进行掏包。当餐厅内人员并不拥挤时此类案件高发，人多时嫌疑人不便下手，人少时嫌疑人缺少目标。而在较拥挤的商场、超市或公交工具内，嫌疑人采取钻、挤的方式趁机作案。在商场女装鞋帽区，顾客试衣服试鞋时，往往将随身携带的物品放置在地上或身边，忙于试穿，嫌疑人便会趁机将包拎走。

听言语交流

扒窃拎包违法犯罪嫌疑人为了不暴露身份，除了利用眼神外，也常会使用一些只有他们自己才能听懂的隐语、黑话作为联络的工具进行交流。这样，当身边的嫌疑人用隐语交谈时，侦查人员不但可以识别出他的身份，也可以通过分析其交谈的内容来选择下一步应采取的行动。例如，有的犯罪分子把钱叫"兰"，把100元人民币叫"一槽"，把1000元人民币叫"一坎"，把动手扒窃叫"起板"，把掏包叫"背壳子"、"找光阴"，把上衣兜叫"天窗"，下衣口袋叫"平台"，裤兜叫"地道"，把扒窃得手叫"剥一个"，把发现反扒民警叫"有角",把着装民警叫"明刺",把便衣民警叫"暗刺",把扒窃被发现叫"掏响了"、"响炮了"。如果在人群中一旦听到使用这类暗语的人员,一定就要格外留神,加强自身的防范意识。

防范要点：

◎ 背包的行人在过十字路口和过街天桥等人流量较大的地方时,一定要将包放至身体前侧。

◎ 要步行较长时间的行人,背包内不宜放大量现金和贵重物品,如果一定要带,最好放在贴身的衣兜内。

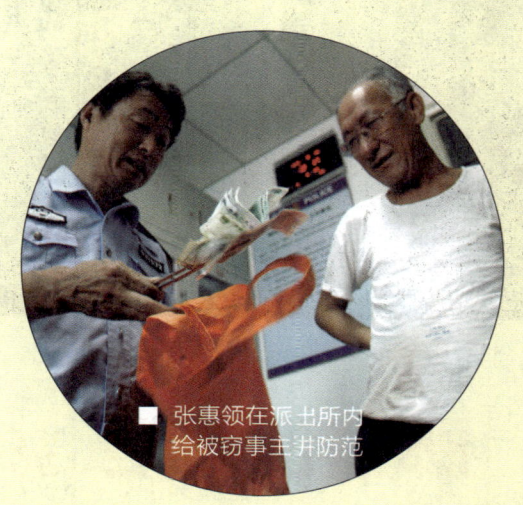
■ 张惠领在派出所内给被窃事主讲防范

◎ 在去早市买菜时,不要带过多的钱财,并要提高警惕。

◎ 注意自己身边是否有可疑人尾随,在掏钱买菜完毕后,一定要将钱财收好,防止自己的财物受到损失。在街头行走购物时,应注意不要过分暴露身边财物。

◎ 远离机动车道,靠近人行道内侧走,别边走路边玩手机。

◎ 骑车时,尽量不要将贵重物品放在车篓内,避免被人拎包。

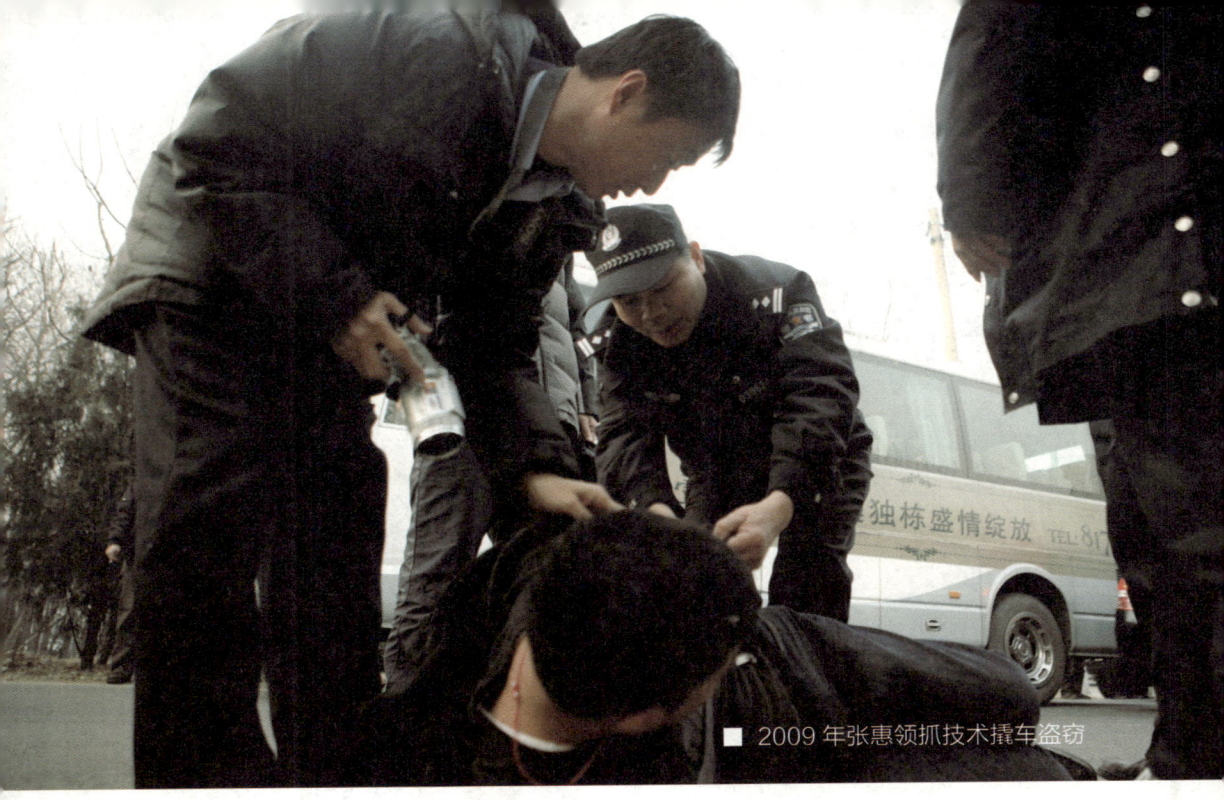

■ 2009年张惠领抓技术撬车盗窃

神探说防范 撬砸机动车

随着社会经济水平的高速发展，我国大中型城市的汽车保有量呈现持续增长的态势。而盗窃车内财物的案件随着汽车保有量的节节攀升，也成了一种新兴的犯罪手段。根据公开资料的数据显示，近年来，我国公安机关所侦查的刑事案件中，盗窃案件的数量占比超过了立案总数的一半以上，达到了六成。而在这之中，盗窃车内财物的案件又占到了这六成中的十分之一。

可以说，和街头扒窃的偶发性案件相比，盗窃车内财物的案件属于可防性案件。如果车主选择可靠锁具、不在车内存放贵重物品，坚持在正规有人看守、监控设备完善的停车场存放车辆，犯罪分子是不会轻易得手的。但是往往由于受害者疏忽大意，或者抱有侥幸心理，客观上给盗窃车内财物案件的发生提供了机会。

>> 什么是盗窃车内财物案件？

虽然说在实际的案例中，盗窃机动车车内财物的案件侵害目标五花八门，从放在车厢里的手机、钱包，再到后备厢里的烟酒、高尔夫球杆和备胎，甚至于是车辆本身的 GPS 导航仪、行车记录仪和车载电脑等物品，都可能会受到窃贼的青睐。

从广义上来看，这些都属于是盗窃车内财物的案件，但从狭义的角度上看，一般所说的盗窃车内财物的案件，普遍上还是针对存放在车里的可移动的财物。

作为盗窃类案件中的一种发案形式，盗窃车内财物的案件除了具备普通盗窃案件发案率高、社会危害性大、与群众切身利益密切相关等特点外，还有其自身的一些特点。首先，这类案件的作案目标比较明确就是汽车里的财物。还有就是作案的成本一般不高，犯罪嫌疑人对犯罪技能的要求和对其心理素质的要求偏低。最为直观的来说，这类违法犯罪行为常常发生在社会街面，尤其在停车场、路边等场所，这些地方都是人流较为集中的地点，一旦案发后，案发现场容易对周边居民产生强烈直观的感受，从而大范围地降低公众对社会安全感的评价。

>> 盗窃车内财物案件案发时间特点

盗窃车内财物案件在案发时段上有一定的规律可言。和一般盗窃类案件一样，盗窃车内财物案件的作案人在作案过程中，由于担心被发现，大都会选择行人较少、车主远离车辆的时段进行作案。从这一点上来看，中午和晚上的就餐时段，夜间凌晨的休息时段是此类案件的高发时段。为了避免自己的犯罪行为被车主或行人发觉，大多数犯罪分子都会选择在这些时段作案。

此外，此类案件还存在季节性的高发特点。每年的元旦、春节、中秋等重大的传统节日之前，也是盗窃车内财物案件的高发时期。在这些节日来临之前，群众普遍会大量采购年货、礼品，在这一时段里，群众都会忙于采购、送礼，财物相对较为集中，而且都会采用车辆运输，容易给不法分子带来可乘之机。因此，在这一时期需要重点防范此类案件。

>> 盗窃车内财物案件案发地点特点

盗窃车内财物案件的作案目标首先是要确定车辆，因此，停车场成为此类案件的高发区域。相比于监控设备完善、有人职守看护的停车场，缺乏人防技防设备的停车场更容易发生此类案件。

此外，由于不少城市停车位紧张，市政基础设施相对薄弱，停放在路边过夜的"自发性停车场"也成为此类案件的高发区域。因此，车主应当尽量选择正规的停车场停放车辆。如果确实无法实现这一标准，也应尽量把汽车停放在往来行人较多、有路面监控的区域。夜间停车时，最好停放在路灯下，切勿选择灯光昏暗、远离人流的区域。

>> 盗窃车内财物案件作案目标的特点

高档车辆和车厢内放置财物的车辆容易成为此类犯罪侵害的目标。犯罪分子判断车内财物多少的方法一般来说，就是透过车窗观察车内物品，还有的是根据车辆的档次推断车内可能存放财物的价值。

此外，悬挂外地车牌的车辆也容易成为被侵害目标。犯罪分子会认为身处异地者通常携带大量财物，而且在发案后被害人往往会由于忙着赶路或者对环境不熟悉，耽误了报案时间，让窃贼更容易得手。

所以，可以看出，悬挂外地牌照的高档车辆，是最容易被此类案件的犯罪分子盯上的。

>> 盗窃车内财物案件的惯用手法分析

◎ 砸车窗

这类作案手段的特点是作案成本低，作案过程迅速，是一种最为"原始"的作案手法。一般在夜间和凌晨人迹稀少的时间段最易发生。

犯罪分子通常会选择团伙作案，踩点、望风、砸窗等分工明确。首先，犯罪分子会选择中高档轿车作为作案目标，使用砖块、钢管等硬物或弹弓弹射钢珠直接砸破车窗玻璃，拎走车内物品后迅速逃离作案现场。由于夜间路面空旷，即使作案时触发了车内的报警器材，犯罪分子也往往能很快逃脱。

◎ 拍车门

拍车门类型的作案手法，由于其手段限制，一般都是结伙作案。犯罪分子在作案时，一名犯罪分子拍打驾驶座旁的左前窗玻璃，以"问路"、"车胎没气"等为幌子，转移开车人的注意，而驾车人一般将拎包等随手放在副驾驶座位上。在其掩护下，另一名同伙伺机拉开右侧车门，拎走副驾驶座上的财物。

这种作案手段均为团伙作案，犯罪分子一般由两三人结伙，拍车门、拉门、望风、掩护等分工明确，配合密切。

盗贼选择上下班时间段作案，选择目标一般为防范意识相对薄弱的单身女性司机。作案地点则大多在市区设置交通信号灯的十字路口。犯罪分子还以交通肇事或"碰瓷儿"为由，假装被受害人的车辆撞上，在车主下车查看时，另一名犯罪分子乘隙拉开车门盗走车内财物。

◎ 戳轮胎

此类作案手段其实也是拍车门方式的一种更新，也同样是分散车主的注意力，在车主防范意识下降的时候趁机作案。

犯罪分子会使用尖头的空心管、不倒钉等作案工具，在市区繁华地段的十字路口或者停车场周边，利用上下班的车流高峰拥堵时段下手作案。当驾驶员行驶时车轮轧上犯罪分子预先设置好的空心管、不倒钉、刀片等物品时，轮胎会立即大量漏气。此时，犯罪分子就会趁着车主下车查看轮胎或是停车换胎的间隙，拉开车门迅速拎走车里的财物。

◎ 撬车锁

撬车门锁案件主要发生在公共场所的停车场，盗贼选择中午和傍晚时分作案，作案的目标主要是集中在停放在饭店、宾馆或大型购物商场停车场里的高档轿车，这些车辆往往存放高档物品的概率较大。采取这类作案手段的犯罪分子通常是团伙作案，而且习惯于异地作案，一般在得手后立即远距离逃窜，甚至是跨省市流窜。

在这种手段的作案方式中，还会有犯罪分子专门购买或定制专用的开锁工具，在经过训练后进行作案。由于使用专门的开锁工具，窃贼一般只需要数秒的时间就能打开车门或后备厢，也不容易被人察觉。

◎ 干扰器、解码器

随着汽车技术的发展，如今越来越多的汽车开始采用电子遥控车锁。而犯罪分子就是看中了这个环节中存在的漏洞，购置电子干扰器，在车主使用遥控器锁车的同时，利用干扰器进行干扰，让车主误以为车门已经上锁，在离开自己的车辆之后犯罪分子就立即动手盗窃。

除了使用干扰器外，还有不法分子会使用解码器作案。在车主使用遥控钥匙锁住车门时，犯罪分子通过电子解码器已经收录了遥控器的密码。车主此时即使发现车门已经锁上，但其实不法分子还是能够把车门打开。

这两类利用高科技仪器的作案手段，犯罪分子通常都会事先埋伏在停车场周边，由于仪器的使用还具有一定的距离范围要求，因此他们一旦选定下手车辆后，会在距离车辆很近的地方使用仪器作案。

>> 亨特张 说防范

租车千里来京 上演"瓮中捉鳖"

■ 岁末年终，是各类街头侵财类犯罪案件的高发期。一方面是由于年关将至，人财物高度集中，客观上让不法分子觉得有利可图，另一方面，窃贼也都会抱着在年底"狠捞一笔，回家过年"的心态加紧作案。因此，岁末年终时，大家一定要格外注意防范街头侵财类犯罪，增强自身防范意识。出门不要携带大量财物，不要在夜间独自前往自动取款机取钱，如若必须取钱，也应当寻找光线充足的ATM机，叫上他人陪伴，也好有人照应。

　　四名窃贼不远千里租车到京行窃，作案后驾车沿西三环主路向南逃窜，8辆警车紧追不舍上演了一场惊心动魄的擒贼"大战"，最终四名盗窃嫌疑人全部落网。

　　2008年12月15日的晚上，圣诞节前的最后一周，四通桥旁的电影院里，响起了《铃儿响叮当》熟悉的旋律。在闪烁的霓虹灯照耀下，街面上显得灯火通明。

　　老张听着这首熟悉的英文歌，立即感觉到这一年又要结束了。一到年底，各种贼都抱着"狠捞一笔，回家过年"的心态，开始疯狂作案。或许圣诞节对于不少都市的白领来说，是一个放松娱乐的好时机，三五个好友相约看一场电影，或者情侣相约来一场烛光晚餐。可是，对于老张来说，越是热闹的节日来临，就意味着他要更加忙碌、更加专注地盯着街面才是。

撬砸机动车

时针指向晚上 7 点，张惠领正在电影院旁边，坐在一家餐馆的大厅里。对老张来说，这个大厅就是他最好的"流动警务站"。因为餐馆的四周墙壁是用玻璃搭建，搬个小马扎坐在大厅里，街面上的所有情况都能尽收眼底。这里不仅能遮风避雨，尤其是对患有哮喘的老张，还能隔绝街面上寒冷的空气对他呼吸道带来的刺激。

老张隔着玻璃突然发现，有三名男子围在一辆马自达轿车附近转悠，时不时地低头透过车窗在寻找着什么。为了防止哮喘突然发作，老张赶紧戴上口罩，从餐馆大厅走到停车场边上，继续观察起三人的一举一动。

老张看到，他们一人站在车头，一人站在车尾似乎在望风，另一人则在不停地拉动车门，试图把车打开。但在费了九牛二虎之力后，车门仍然纹丝不动。拉车门的小伙子立即给前后两人递去一个眼色，示意离开。

三人刚刚离开后，又有一辆白色捷达停在了停车场。他们又掉头走了回来，其中两人一左一右站在捷达车的两边，中间的男子则开始用锥子似的东西捅了几下，就把捷达车的后备厢打开了。男子猫腰开始在后备厢里翻找，不多时便抱起一堆东西迅速离开停车场。老张赶紧通过手机联系正在附近执勤的刑侦支队的便衣侦查员，请求支援。又赶紧把身边便衣探组的成员安排分工，盯住这三个男子。一辆车，又一辆车，就在老张他们跟踪这三个男子的时候，他们已经前后撬开了四辆汽车的后备厢。老张他们发现，就在三个男子撬车的同时，还有一个男子时不时地过来张望一下，似乎也是在替他们望风。老张判断，这四人是一伙专撬后备厢的贼。

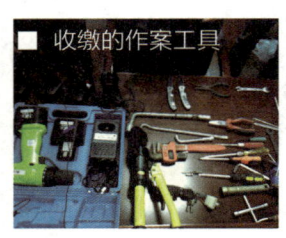
■ 收缴的作案工具

■ 此案中，事主错误地把后备厢当成了保险柜，把自己的财物放在了后备厢中。且不说现在有很多不法分子使用高科技设备开锁，就是此案中使用特制开锁工具也能轻易地把后备厢撬开。所以作为车主，一定要增强自身防范意识，不要在车厢里和后备厢中存放财物，以免给自己带来不必要的损失。

果然，在偷完第四辆车之后，这四个人一起上了一辆车牌号是"蒙"字头的红旗轿车，开车向西驶去。

此时刑警便衣队的侦查员也已经来到现场和老张会合，双方约定准备在四通桥下的红绿灯处，等红旗车排队等候红灯时动手擒贼，并通知了双榆树派出所两辆巡逻车在桥下准备配合抓捕。可令人没有意料到的是，红旗轿车开到四通桥时，桥下畅通无阻根本没有排队等灯的车辆，红旗车直接驶上了苏州桥，沿着西三环开始向南行驶。

老张与刑警的两辆车立即随后跟踪尾随。此时西三环主路车流量虽然较大，但也不算拥堵。老张他们一直没有合适的抓捕时机。如果前方道路一路畅通，嫌疑车很有可能脱逃。张惠领迅速又向分局指挥中心报告，请求巡逻警力在前方堵截协助抓捕。指挥中心的民警立即在3分钟内调集了沿线的甘家口派出所、翠微派出所、巡警支队的六辆巡逻车熄灭警灯，沿线进行堵截工作。

八辆警车呈三角形布成一张大网，将嫌疑车围在三环路上，而张惠领不时地通过电台通报嫌疑车的位置。由于西三环上的车辆不少，为避免抓捕时发生危险，张惠领与指挥中心沟通后，一致决定在新兴桥北侧实施抓捕。此时指挥中心立即部署位于新兴桥上的巡逻车进入主路后逐步放慢车速压住后面的车辆，就在嫌疑车刚刚驶到新兴桥北侧时，车流完全停止了，嫌疑车也被堵在了路中央。

眼看抓捕时机已到，张惠领和10余名民警迅速冲下车将嫌疑车团团围住，眼见民警从天而降，四名男子只能乖乖地束手就擒。民警当场从车上查获匕首、作案用的改锥等工具20多把。

经过审查，民警发现这四人中，三人都有犯罪前科。他们交代，四人在内蒙古以每天150元的价格租了一辆车，当天上午9点，他们从内蒙古呼和浩特出发到北京准备在年底"捞一把"。由于对北京道路不熟，下午6点多进京后，四人首先买了一张北京地图，准备按照地图寻找作案地点。当四人来到双榆树这家电影院附近时，看到停车场里一辆辆停放的汽车，才临时决定在此"捞上一把"，可没想到刚一露面就被便衣民警盯上了。

■ 不少撬砸机动车盗窃车内财物的案件中，犯罪嫌疑人都属于流窜作案，甚至有很多会跨省市作案，一旦作案成功获得大量财物后，他们就会立即驾车逃窜，给侦破工作带来很大的困难。但由于他们这种作案形式都会使用交通工具，所以车主尽量要把自己的汽车停放在有监控探头的地方，以便于在案发后公安机关能及时锁定犯罪嫌疑人和嫌疑车辆，更快地为事主追赃减损，尽量减少事主的损失。

>> 亨特张 说防范

窃贼驾车跑 民警徒步追

> 四名窃贼驾车逃跑，几名民警徒步追赶，其中一窃贼慌不择路蹿上房顶，民警与附近群众共同展开围捕，在屋顶上演了一出擒贼戏……

>> 夏夜巡逻发现可疑情况

夏季的晚上，阴沉沉的天气显得有些闷热，老张带探组在华星影城附近蹲守巡逻。电影刚刚散场，电影院外停车场里，车主们纷纷准备开车离开。也有几个意犹未尽的朋友，正聚在影院外的冷饮店里，嬉笑聊天。

见到电影院外如此热闹，身穿制服的保安员也在停车场里忙碌，再胆大的小偷，也不会挑在这个时候下手作案，老张便放下心来。老张顺着电影院南侧的北三环辅路向东走去，就在走到北侧的胡同处，老张似乎发现了什么。

电影院东侧的胡同通往一个老旧小区，这里的房子几乎都是二十世纪七八十年代建好的五层砖混结构的板楼，小区周边的栅栏也已是锈迹斑斑。胡同里的法国梧桐长势茂盛，尤其是在夏季的夜晚，茂密的树叶已经将原本就有些昏暗的路灯遮挡得影影绰绰。

撬砸机动车

老张特意向胡同深处望去，发现在一辆黑色轿车的后面，有一个男子正在神神秘秘地打着电话，可男子一边举着手机，一边身子不断地往车上压，还时不时地回头张望身后的动静。这一切让老张突然觉得有些可疑，但由于男子的举动被轿车挡住，老张也看不出来男子是在做什么。

老张不动声色地离开胡同的南口，一路小跑又折返到胡同的北口进来，刚刚走进胡同口，老张就刻意放慢了脚步，先平复了一下喘息，又蹑手蹑脚地进到胡同里面。老张拿出手机，作出接电话的样子，一脸若无其事地从男子身边经过，在距离男子还有不到几十米的距离时，老张终于发现，男子是装着打电话的样子，正在用一个接近半米长的看着像改锥一样的东西，正插在黑色轿车的后备厢接缝处，使劲地用胳膊肘往下压。就在这时，只听"咔吧"一声，轿车的后备厢被打开，男子马上弯下腰在后备厢里翻找起东西来，根本没有注意到一旁的老张。

■ 停车时，一定不要停放在这样的环境中。这里夜间灯光昏暗，行人又少，更没有监控探头。这样的地方对于盗窃车内财物的犯罪分子来说，是再合适不过的作案场所了。因此，停车时尽量要把汽车停放在光线充足、有监控探头或有专人看管的正规停车场，不给不法分子可乘之机。

>> 扩大监控范围三贼现身

老张立即离开男子，开始通知周边的队员发现了一个撬后备厢的贼。根据经验来看，

亨特张 说防范

■ 有条件的车主最好给车辆安装专业的防盗报警器，窃贼在下手作案时，一旦触发了报警装置，他们就会立即逃跑。此案中，由于汽车的防盗报警器没有被触发，嫌疑人在撬开后备厢后，有充裕的时间从容地从后备厢里"挑选"自己需要的贵重财物。在小区里停车时，如果有条件，可以把车停放在自己家阳台、窗口附近，这样一旦汽车报警器铃声大作之时，也便于车主能够第一时间查看汽车周边的情况，及时发现和制止不法分子作案。

老张认为就在男子的周围还有其他同伙，要求队员除了盯住男子的举动外，开始把监控视线范围扩大。果然，不到5分钟的时间，就有队员反映了一个重要线索，就在距离男子作案不远的地方，又发现了两名年轻男子也在捅撬两辆捷达车的后备厢。依靠以往的经验老张认定这是一个团伙，为了一网打尽，老张示意大家不要立即抓捕，一面继续进行跟踪，一面将此情况报告所里请求警力支援。

三名嫌疑人分别撬了几辆车后向东侧聚拢，在101中学门前上了一辆没有熄火的捷达车。由于中学门口的马路很窄，也没有可以躲藏的地方，三路跟踪的队员聚集起来，一下子就感觉路上的人多了起来。捷达车上的几个人可能察觉到了这个情况，汽车加足了马力向北侧的小区开去，老张与其他几名民警见状徒步飞速追赶。

眼看嫌疑车就要逃离了，正当老张心急如焚时，汽车突然左拐，老张一下子就兴奋了起来。原来，情急之下的窃贼慌不择路，再加上不熟悉周边环境，径直拐进了一个死胡同。此时，派出所支援的车辆也及时赶到，老张立即指挥民警进入胡同，将嫌疑车堵住。

眼见民警距离捷达车越来越近，车上的四人纷纷下车逃窜，民警当场将其中两人擒获，另两人逃进了小区的居民楼里。民警立即兵分两路，一边留人将控制住的两人带回派出所，一边开始对附近的居民楼展开地毯式的搜捕检查。

>> 慌不择路笨贼挂在屋顶

看到大批民警来到小区里，再加上听说是有贼进了小区，小区里的居民也都赶来协助民警查找嫌疑人。整个小区里手电光柱不时闪现，在民警的指挥下，大家都开始仔细地查找着小区每一个可能躲藏的角落。

"你！出来！"不一会儿的工夫，一位民警就在小区的自行车棚里，将一名瑟瑟发抖的嫌疑人抓获。可大伙又整整搜寻了十几分钟，另一名嫌疑人却踪迹皆无。

突然，协助搜查的居民中不知是谁喊了一句："这边平房屋顶上有动静！大家快来！"

这时，就看见一条黑影沿着一排平房的房顶向西跑去，民警立即从四面八方开始围堵。见到这么多民警和居民都在追捕自己，黑影吓得在房顶上快步移动。"我去搬梯子！""我们到后边去守着！"居民自发地

■ 社区应当组织建立自己的巡防力量，发扬邻里守望的精神。群防群治共同防范盗窃等侵财类犯罪案件。如果小区的巡防力量足够强大，窃贼在进入小区观察选择作案地点时，就会知难而退，放弃继续作案的想法。

>> 亨特张 说防范

■ 在协助公安机关抓捕犯罪嫌疑人时，一定要注意自身安全。发现情况时应当在第一时间通知民警前来行动，不要自己贸然上手，以免给自己的人身安全造成威胁。毕竟民警具备专业训练背景，有着丰富的搏击、抓捕经验。此时让民警开展抓捕行动，既能及时有效地抓捕到犯罪嫌疑人，也能保证自己的人身安全。

给自己"分派任务"，让现场的老张感到心头一热。

也许是听到大伙已经布下天罗地网，还有人要搬梯子上来，高度紧张的黑影忽然一个趔趄蹿出去老远。只听见"哗啦"一声，黑影不见了。就在大家纳闷儿时，从这排平房的一间屋里跑出一女子喊道："屋顶被踩漏了，上面挂着一个人！"

老张进屋一看，差点乐了出来。只见一人挂在空中，上身在屋顶上，下身在屋内，两条腿还在不停地挣扎想往上爬，可自己却被夹在屋顶中动弹不得。民警随后借着居民们搬来的梯子上房查看，此人正是逃跑的嫌疑人，遂将其抓获。

随后，老张又在作案现场起获了大号折叠刀、改锥及被盗手机等物品。拿起这些作案工具，老张向热心的居民们挥了挥手，激动地向大家说："辛苦你们了，谢谢大家！"

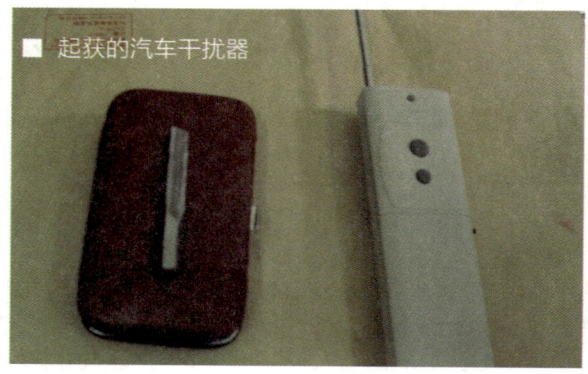

■ 起获的汽车干扰器

撬砸机动车 QIAOZA JIDONGCHE

干扰仪遥控车锁 三窃贼落网海淀

> 买来车辆遥控干扰仪专偷轿车里的财物，竟然连张惠领跟踪他们的车也成了下手的目标之一。直到一副冰冷的手铐戴在了手上，三名胆大的蟊贼这才发现，自己的一举一动都被神探拍在了 DV 里。

>> 中午巡逻 发现可疑情况

2009年4月8日的中午12点，北三环外环辅路的餐饮店里，挤满了就餐的食客。根据工作经验，张惠领知道越是人多嘈杂，贼就越喜欢下手。于是，老张早早地便在派出所食堂吃过午饭，开始沿着马路巡逻。用老张自己的话说，这也算是饭后"消食儿百步走"。

就在老张沿着便道巡逻时，三个在便道里由西向东走过来的男子引起了他的注意。这三人中，有两人走在便道上，一人则在辅路沿着马路牙子行走。他们之间总是保持着四五米的距离，但时不时地都在用眼神交流，却一句话也不说。

■ 正常的朋友在街上一起行走，都习惯于三五成群地在一起，必然不会出现保持距离而且用眼神沟通的情况。所以，如果您在路上行走时，发现这样的可疑情况，一定要多加留心。尽量降低和他们接触、并肩行走的机会。如果发现对方的眼神已经汇集到自己身上，也不要表现得太过于惊慌。路边行人较多时，可以迅速走开，如路上行人稀少，则应迅速离开，向人多的地方走去，或在光线充足的地点先暂时停留，等待他们走远后再视情况决定是继续行走还是打电话找亲友求助。

>> 亨特张 说防范

■ 盗窃机动车内财物的犯罪嫌疑人,最偏爱的就是高档机动车,因为越是高档车,车内的财物可能就相对更多。在作案之前,他们会采用系鞋带、站在车边抽烟等动作来掩饰自己寻找作案目标的目的。如果车主在停车时已发现了类似情况,下车前一定要把贵重物品随身携带,下车后确认自己的车门已经锁好。尽量把车停放在监控探头或距离停车管理员最近的位置处。

老张发现,这三人都穿着灰色夹克,衣着打扮十分相近,可他们似乎是刻意保持距离,怕被人认出来一样。这一怪异的举动,立即让老张警觉起来。

老张不动声色地跟在三人后边,以为他们是想找饭店盗窃的小偷。可这三人总是在饭馆和小店周边转悠,有时甚至都走到了饭馆的门口,却始终不会进店。"他们到底想干什么?"老张暗自思忖,也有些疑惑。

这时,三人的一个举动让老张眼前一亮。他们走到路边的停车场里,不时东张西望,看没人注意自己,就开始偷瞄着车里的情况。这伙人还有个显著的特点,喜欢站在高档轿车旁边,要么是装着若无其事地张望,要么就蹲下来假装在系鞋带。三人走了短短的300米路,停下来系鞋带的次数就有十多次。

老张暗暗觉得,他们可能是一帮针对机动车犯罪的嫌疑人。

>> 奥迪停车 三人贼相毕露

这时一辆奥迪轿车开了过来,停在了车场内。眼看这三个人一下子散开了,快步走到离奥迪轿车10米左右的地方。眼尖的老张发现,其中一人立刻将手插在了裤兜里,隔着衣兜，老张能够看见他似乎捣鼓着什么东西，裤兜里一直在动。

"好呀，这仨贼是盯上奥迪车上的东西了！"经验丰富的老张一拍脑门，立刻就明白了，这几个人应该是利用轿车遥控器干扰仪作案的嫌疑人。

果不其然，奥迪车主下车后，按了遥控器锁了车门之后就离开了。而这三人中的其中一人瞅准时机，立刻快步上前，拉了拉奥迪的车门但是却没有拉开。三人立刻又走在了一起，快步低头猫腰离开了这个停车场。

看到这一幕，老张坚定了自己的判断。于是，老张立刻向派出所里的值班领导汇报了这一情况，并请求所里派民警支援，而自己则立即开车，带上车里的探组成员继续紧紧地盯住这三个人。

>> 窃贼贪婪 盯上神探汽车

跟到下一个停车场，老张为了观察方便，便将自己的车也开了进去。

让老张感到哭笑不得的是，这三个人明显把老张的车当成了他们的下一个猎物，他们在老张的车周边散开了。"这伙贼也真够笨的，要是开了车找到我后备厢上放的警服，

■ 使用遥控器干扰仪作案的犯罪分子，在作案时由于设备仪器的限制，不能距离汽车太远，否则干扰仪无法发挥作用。所以，作为车主，在停车锁车时发现有人刻意在自己车周围来回走动形迹可疑时，要格外留意，下车时把车里的财物都随身带走并确认车门已经锁上。

■ 有时候，车主下车时，一个非刻意的举动，或者就能避免自己的车被不法分子盯上。在下车时，刻意地拉拉车门，一方面可以确认车门是否已经锁好，另一方面如果自己的车已经被使用干扰仪的不法分子盯上，那么这个举动就能告诉对方，自己已经有了相应的防范意识，让贼感到无从下手继而放弃作案。把这个行为作为自己下车后的"规定动作"，能够大大降低自己的车内财物被盗的概率。

不还得吓死他们啊。"想到这里，老张觉得有些好笑。

没有办法，既然被贼盯上了，老张只好下车，用遥控器锁好车后，还夸张地拉了拉车门。目的就是告诉这三个笨贼，"我车门锁了，别盯着我了"。

果然，三人看见老张有拉车门的动作，便又走开了。而老张和他的队员则选择了一个较为隐蔽的位置，继续对三人进行观察。此时派出所里的支援民警也已经到位了，四名便衣民警也在周边散开了。同时，老张还联系了停车场的管理部门，将停车场的监测探头对准了他们。一张大网已经布好了，就等这三个贼下手了。

>> 刚刚得手 路边打车被擒

几分钟后，一辆黑色的帕萨特开进了停车场。车上下来了两个人。其中一人用遥控器锁上车后，二人就离开了车辆。

而此时，三名嫌疑人像刚才一样，看到二人离开后，其中一人立刻快步走到车边。用手一拉，车门打开了。他立刻进入车中，取出了一个公文包和一台笔记本电脑。随后三人立刻会合，走到路边，看样子是要打车

QIAOZAJIDONGCHE **撬砸机动车**

逃离。而就在他们下手的这一时刻，老张和其他埋伏好的民警已经缩小了包围圈，将三人围在了中间。

三人刚走到路边，就被民警当场抓获。在其中一人的裤兜里，民警当场起获了一个类似电视机遥控器外形的带天线的干扰仪。刚刚被他们盗走的笔记本电脑还没捂热，就被民警当场起获。

在派出所里，面对面前的赃物和被监测拍下来的他们的行窃画面，三人很快就交代了自己的犯罪事实。据李某交代，他们都是吉林老乡，上午刚刚从天津蓟县来到北京。在来京之前，他们专门购买了这个车辆遥控器干扰仪。利用这个干扰仪，他们可以在10到20米左右的范围内干扰一部分轿车的车锁，使其不能正常上锁。等车主离开后，他们一旦发现车辆没有锁好，便会进入车内盗窃财物。

■ 这位车主在下车时，既没有确认车门是否锁好，也没有带走车里的贵重财物，甚至连笔记本电脑都放在了车里。这样的车主最容易成为不法分子盗窃的目标。

>> 亨特张 说防范

用遥控干扰仪盗窃 吃"回头草"民警擒获

> 使用干扰装置开车门盗窃车内财物，贪婪的窃贼得手后又想吃回头草。结果第二次出现时就被张惠领盯上。最终这伙窃贼在沿着京藏高速逃跑时，被老张全部抓获。

>> 上街巡逻接到警情

2008年10月24日下午5点多，正在双榆树社区巡逻的老张忽然手机铃声大作。老张一看号码，是派出所指挥中心的座机，知道肯定是有警情发生。他立即接通了电话。电话里，指挥中心的民警告诉老张，就在当天下午，一位车主将车停在电影院门口后离开汽车去办事，可刚刚十多分钟后，等事主回到车里时，发现装在车里的数码相机等财物都不见了踪影。

事主还特意强调，自己下车时明明已经确认锁好了车门，不知道小偷是怎么把财物偷走的。

■ 此案中，车主还是把数码相机这样的贵重又小巧方便窃贼顺走的财物放在了车里，窃贼只需很短的时间，打开车门拿走财物，就可以立即离开作案现场。

接到警情后，张惠领立刻转身返回派出所。通过调取现场的监控录像，老张发现有两名男子具有重大嫌疑。

根据多年的抓贼经验，老张判断这两个人是在使用干扰器开车门偷东西。直觉告诉老张，这两个男子尝到甜头后，肯定还会再来吃"回头草"的。于是，老张便部署便衣探组成员都熟悉了两个男子的体貌特征，在辖区重点的停车场开始设伏蹲守。

>> 贪心贼再吃"回头草"

果然，三天后，27日下午1点多，正在华星影院附近便衣出探的老张忽然发现，有两名形迹可疑男子，其中一人与监测录像中的嫌疑人体貌特征非常相似。两人在影院附近的停车场内不停地寻摸，当有车主在此停车时，其中一名较瘦男子就会在兜中掏出一个好像是带着天线的装置，藏在腋下不停按。

老张立刻提起精神，开始悄悄地藏在路边，盯着两人的一举一动。下午2点多，一名女士将车停在车场，下车后女司机用遥控器锁车，较瘦男子立即凑到跟前不停按着手中的装置。那名女士按了好几下遥控器都没有将车锁上，细心的车主见车门没有锁上，

■ 所幸的是，车主停放汽车的位置是在监控探头的监控范围之内，监控录像可以很好地方便民警及时发现作案人，不仅能够为民警及时破案提供线索，也能让民警为车主追赃减损提供时间上的优势，也为民警依法处理犯罪分子提供了有力证据。

就围绕着车转查找原因。

看到女司机的举动，这个鬼鬼祟祟的男子赶紧收起手里的那个装置，装作若无其事地离开女司机的视线。女司机在检查了一圈后，再次用遥控钥匙锁住车门，用手拉了一下车门，在确认车门锁上后，她这才离开。凭借多年的识贼抓贼经验，结合此前的10月21日的发案，老张断定这二人很有可能是采用此种方式作案的窃贼。

于是，老张和他的便衣探组一方面在对二人进行跟踪观察，另一方面立即通知派出所监测平台，启动监测探头对此二人进行跟踪。观察中民警发现，车主们大部分还是比较细心的，直到确认车门锁好，下车前拉一下车门后才会离开。这样两个男子几次出手都没有得手。

■ 在这起案件中，由于女司机的细心，犯罪分子未能找到下手的机会。一方面嫌疑人发现车主已经将车锁好，另外一方面车主的举动让嫌疑人也担心车主已经意识到自己的车可能被人盯上了，因此也会把财物带走。不法分子一般不会再继续盯着这个目标作案的。

>> 几次下手未果窃贼被捕

下午3时许，这两名男子无奈地离开了华星影院停车场，又通过过街天桥来到了马路对面的双安商场旁边的一家肯德基店，并坐在店内靠门贴窗的位子上。

下午4时许，就当老张准备动手抓捕时，两名男子突然离开了肯德基店，上了一辆白色丰田轿车，并迅速进入三环主路向东行驶。

见此情况后，负责外围监测的一组民警迅速跟上嫌疑车进入三环主路，另外两组民警也迅速跟上。4时10分，嫌疑车上了京藏高速并飞速向北行驶。由于在京藏高速车速过快，抓捕困难较大，为了寻找最佳的抓捕时机和不惊动嫌疑人，民警们对嫌疑车进行尾随跟踪，嫌疑车始终在民警们的视线之内。与此同时，张惠领迅速通过电台将此情况向分局指挥中心报告，请求支援。指挥中心立即调集在京藏高速沿线进行巡逻的巡警车组和西三旗派出所两部巡逻车组进行增援，协助张惠领进行抓捕。

4时30分，嫌疑车辆从回龙观出口驶出京藏高速进入辅路，此时车速也放慢下来，抓捕时机已经成熟。张惠领等和巡警及派出所巡逻车组快速上前将嫌疑车围住，10余名民警迅返冲下车，一名嫌疑人束手就擒，另一名嫌疑人跑入树林没几步也被民警抓获。民警当场从车内及一名嫌疑人身上起获作案工具和赃物。

下午5时许，民警将这两名嫌疑人带回派出所进行审查。经审查，这两人交代，他们是河北张家口人，自今年十月份以来，他们购买了汽车干扰仪，利用车主停车锁车门时机实施干扰，使车主无法将车门顺利锁上，待车主离开后伺机盗窃作案。据他们交代，采用此种方式作案，如遇上细心车主锁好车门才离开，他们也没办法。但遇上粗心的车主，他们就如开自家车门一样，不留任何痕迹地将车内财物洗劫一空。

>> 亨特张 说防范

开速腾盗包作案 民警雨夜擒贼

> 下车办事，把公文包放在副驾驶座位上，10分钟后回来公文包就不见了踪影。张惠领从接获警情到找到作案的窃贼，仅用了一个小时的时间。

>> 下车办事 空头支票丢失

2010年9月的一天下午，天阴沉沉的，前一天的天气预报还在说今天有雨，只是阴沉了快一天，这雨还没有下下来。

下午3点多，开车来双安商圈办事的李先生，匆匆忙忙地把车放在了路边，因为约好了和别的公司3点的时候谈事，看着已经迟到了几分钟，李先生锁上车门后，竟连放在副驾驶上的公文包也忘了拿。向写字楼走去的李先生，总觉得手上缺了点什么，仔细一想才发现公文包忘了拿。李先生想，此刻再回去取包，既耽误时间，而且包里的东西也没什么用处，还不如就锁在车里也好。

就这样，李先生走进写字楼。没想到事情谈得异常顺利，不到10分钟的时间，两家公司就达成了合作意向。李先生显得有些兴奋，起身礼貌地和对方握手告别，这才心满意足地下楼准备离开。

回到自己车里，李先生刚刚启动汽车，扭头向左边一望，心里吃了一惊！刚刚下车时还明明放在副驾驶上的公文包，此刻不见了踪影。李先生赶紧弯腰低头在驾驶车座下找了一圈，也没有发现公文包。"不好！肯定是被偷了！"虽然9月份的北京已经告别酷暑，可李先生的额头上还是沁出了丝丝细汗。

公文包里现金不多，可里面放着三张公司的空头支票，平时为了方便办事，他外出时总会备好盖章签字的支票，如果小偷偷走支票后果不堪设想。想到这里，李先生赶紧拿起手机拨打了110报警，又赶紧和公司财务人员联系，告知支票丢失一事。财物人员也告诉他支票丢失后补办手续特别麻烦，还得登报公示，想到这些，李先生来不及找派出所，赶紧开车向最近的银行奔去。

>> 接到报警 神探布网寻贼

接到李先生的报警后，老张有些气愤。没想到窃贼竟在光天化日之下来到自己辖区里偷东西。绝对不能让贼跑了！老张立即部署探组的成员，开始在李先生停车的地方扩大搜索范围，以便找到可疑的贼。

下午4点钟，淅淅沥沥的小雨终于下了下来。刚刚还热闹非凡的商场周边，此刻已经显得冷清多了，空旷的街道上行人变得稀少。但为了能抓到偷了李先生公文包的窃贼，

■ 很多类似案件发生后，事主都懊恼之前锁车时候抱有的侥幸心理了，有的认为自己下车就是买瓶水或只是和他人交代几句话，时间很短不会给窃贼留下作案时间。且不说计划不如变化，可能认为只要几分钟买水的时间因为遇上购物排队变成半小时，就单说嫌疑人使用干扰仪作案时的作案时间其实非常短暂，这样的举动就给了不法分子可乘之机。所以，任何时候，下车时都应该确认车门是否锁好，车内是否存放有贵重财物，千万不要抱有任何的侥幸心理。

>> 亨特张 说防范

■ 此案例中，事主发现车内财物被盗后，首先应该想到的是立即保护现场，不要移动车辆。因为盗窃车内财物案件有一个显著的特征，就是作案目标是机动车，机动车的车窗玻璃、车门等位置都十分光滑，犯罪分子的指纹等生物证据一般都能够很好地保留在汽车上。所以，发现车内财物被盗后，要有保护现场的意识，及时报警。

本案例中，事主着急支票丢失带来的严重后果，可及时和公司同事、亲友求助，协助办理挂失等手续。如果是个人银行卡丢失，也可以在第一时间电话口头挂失，等民警前来勘验现场后，再移动自己的车辆。

老张和探组成员仍在冒雨巡逻。

这时，走在电影院门口的老张忽然发现了一个可疑情况。一辆白色速腾轿车停在了影院附近，车上下来两名男子，他们一下车就立刻分开，在临街的几个商铺里进进出出。而速腾轿车并没有熄火，只是停在一旁一直守候着。只见这两人逛了几家门店后，又上了速腾轿车，正好老张的车当时也在影院门口的停车场放着。老张赶紧回头快步走上汽车，悄悄地跟在了白色速腾车的后面。

跟踪到知春路某假日酒店门口后，两名男子再次下车，司机将车停在便道上等候，不多会儿，两人就慌忙地往回走，其中一人手上拎着一个女士包，边走边拉开拉链，两人看后相视一笑，他们的种种行为全部被设伏在周围的张惠领看在眼里，并断定他们刚刚得手。

>> 再次下车 准备出手被抓

此刻，"敌三我一"，要想全部擒获这伙人，仅凭老张一人是不够的。于是，老张一边用手机和派出所通报情况，一边继续开车跟踪。当白色速腾车开到中关村东路路口一家拉面馆门前时，已经是下午5点多，餐

撬砸机动车

馆里聚满了食客。速腾轿车里的三人看到这样的情景，也下车准备再次作案。这下，可让老张乐了起来。

因为就在拉面馆南侧不到50米的胡同里，就是老张所在的派出所。当三人把速腾轿车停在路边，正准备下车向拉面馆走去时，老张一个电话，从派出所里出来的制服民警和便衣民警一起，立即就将三人全部擒获。

民警当场在嫌疑人驾驶的速腾轿车后车座上起获大量女士挎包、钱包等物，钱包内有大量现金，同时起获了多种撬锁专用工具，其中就有李先生丢失的三张支票。

经审查，三名嫌疑人王某等人交代，他们刚从外地来京，暂住在宾馆里，向朋友借了辆车，作案时用光盘把前后车牌照遮挡起来，他们打算节前干几天就回老家，没想到在海淀区作案时被抓获了。

随后，李先生也在同事的陪同下来到海淀分局双榆树派出所。"我到后备厢拿东西的时候，贼拉开我的副驾驶车门，把包偷走了，包里现金不多但有三张空头支票很重要……"李先生向民警叙述他被盗的过程时略有兴奋，因为在短时间内他经历了发现被盗的生气，却又感受到警方通知他破案后的欣喜。

■ 不少扒窃团伙在作案时，不仅是使用一种手段，本案例中，窃贼除了偷了李先生放在车里的公文包，作案后还转移地点继续又实施拎包作案。所以，在案发后及时报案不仅能及时挽回自己的损失，也能让民警及时应对，防止更多市民受到不法侵害。

>> 亨特张 说防范

停车场内恣意盗窃 警方蹲守取证抓贼

"张哥,你说这贼今天会出现吗?"

"他们已经在这里作案一个月了,估计还不会收手。"

停车场的一侧,便衣民警小张和小李正在走着,旁边的百货商场人很多,来来往往的人群中,他俩并没有格外突显出来。

此时已经是深秋,周围树上的叶子早已经落光,赤裸裸的只剩下一根根树干,偶尔在风的吹拂下,发出吱吱的声音。北京的秋季是萧瑟的。

小张穿着青紫色的外套和一双轻便的布鞋,他喜欢这样利索的装束,不仅走起路来十分舒服,锻炼的时候也能放得开。小李不经意间开了个玩笑,"张哥,你天天穿得跟小学生似的,小心被坏人盯上呀。""最好盯上我,这样省得我们去盯他们了,岂不省事?"他们行进到停车场内更偏僻的一角,谈笑间不忘观察着四周。

由于是周末,出入百货商场的人比平时要多很多,停车场内很快停满了车子,与商场前面相比,停车区域虽然车多,但人却极少,车主都匆匆钻进了大楼里,只有孤零零的几个人穿梭在车辆之间。

"这伙贼究竟是怎么作案的呢?"小李有些不解地问。作为一名刚入行不久的新队员,他表现出对工作中多数事情的好奇,毕竟现实工作中的情形跟案例看起来还是如此的不同。

"现在还不好说,从目前掌握的情况来看,这伙儿贼并没有靠外力强行打开车门,所有被窃的车外观都保持着原貌。没有目击者看到盗贼的身影，他们总是在作案后迅速离开了现场。"张队长的表情变得严肃。

这个案子已经发生一个多月了，快到年底了，这样蹲守辖区，可不是办法。张队长决定在百货商场的停车场进行蹲守，希望能有所收获。

就在两人走到停车场中部的时候，两名男子进入了他们的视线，这两个人没有开车进入停车场，看样子并不像工作人员。张队长用眼神示意小李保持镇定，并隐蔽起来，以免引起他们的注意。由于紧邻一辆车，他们顺势站在了车的后面，透过后视镜，两名男子一直在往前面走，看样子他们是有目标的。

在两位便衣民警的眼皮底下，两名男子并没有找到固定位置站定，而是走到了停车场内部后，又折了回来，变换了行道重新往里走，看起来也在等待着什么。张队长叫小李继续蹲守，观察他们的动向。

就在这时，一辆车开了过来，远远地闪了一下前大灯，灯光很刺眼，在一排车的玻璃上反射出亮斑。车子径直地停在了两个男子旁边，位置不偏不倚。老张此时注意到，两名男子所在的位置恰好是预留的空闲车位，他们并不是在随意闲逛，而是找准了位置在等待。

■ 车主在停车时，如果发现空置的停车位前站有陌生人，就应该提高警惕，加强自己的防范意识。留神是不法分子正在盯梢寻找作案目标。下车时把贵重财物带走，锁车后也要再次确认自己的车门是否已经锁好，不要让不法分子有可乘之机。

■ 两名不法分子分工合作，一人负责跟踪车主，发现车主折返回来就会及时通知另外一人赶紧收手逃离作案现场。因此，在停车场停车后离开时发现身后有可疑人员跟随时，就要留神自己锁车时的细节，最好能扭头回到停车的地点再次检查确认车门是否锁好，车内的贵重财物是否已经带上。

车停好后，车门打开了，从车上走下来一位中年女人，看样子有40岁，她穿着十分时尚，一件呢子大衣显示出庄重和气质。她昂起头往停车场出口走去，行了数十米，转身朝着车按了一下遥控器，车响了两声，想必是已经锁上了车门。

张队长屏息凝神，仔细关注着两个男子的动向，凭他的直觉，两人会迅速开始动手，刚作出这个判断，只见两名男子分开了，其中一个瘦高个儿的男子跟随中年女人走了出去，消失在了车门口，见状，张队长冲小李使眼色让其也跟过去，自己则继续在这里留守观望。

三人顺次走开，停车场里却并没有安静下来，陆陆续续地有车开过来。老张密切观察着留下的这个男子会有什么动静，丝毫不敢松懈。他的眉头横了许久，保持着固定的姿态。他想见识下究竟盗贼是如何将东西神不知鬼不觉地偷走的。就在这时，他看见男子开始行动，颇为自然地大步走到中年女人的车旁，直接用手将车门打开钻了进去。

张队长见此情形，立即语音告知百货商场外的机动小组，通知安排警力守好商场的各个路口。与此同时，他逐渐移动着位置，不断接近男子，在近处观察着他的动态。

此时的停车场里灯光有些昏暗，虽然是白天，但还是给人一种萧条疏落的感觉。偶尔有车开进来，在停车场内投射出一些亮光。加剧着这里的冷清气氛。

张队长预感到男子就要完事离开了，他变得越发严肃。

随着门外传来的消息"一切布控就绪"，张队长下令开始收网，他猛地冲上去，男子见状开始朝停车场门口逃窜，刚到门口就被等候在那里的几路民警逮了个正着。小李跟随的另一名男子被其轻松拿下，抓捕行动完美收官。

"这小子一路就尾随别人，还不时打电话。"张队长笑着说，"他是负责跟踪车主的，及时报告她的动向，以便他的小伙伴儿能掌握时间，及时逃窜，只是他没想到跟踪别人的时候，自己也被跟踪了。"

"可是门究竟是怎么那么轻松地打开了呢？"张队长随即对男子进行了调查。

原来，他们使用了高科技的解锁器，可以把车锁发出的信号屏蔽，这样一来，虽然锁车时听见了声音，车主以为锁上了车，实际上却没有，就这样把车暴露在了窃贼的魔爪之下，让他们轻轻松松地得了手。

钻进车内实施盗窃的男子叫小华，28岁，以前在汽车修理厂上班，偶然一次机会听同事们讲起有一种东西叫锁车干扰器，可以把锁车发出的信号屏蔽掉，从而造成已经锁上的假象，进而可以随意出入车内。小华一想到自己收入不高，就想改变下生活方式，用这种方式借机发财。为此他前前后后准备了一个多月，找熟人，逛商店，搜网页，颇费周折地买齐了所有作案工具，一个月前开始作案，刚得手了几次，还想继续发财，结果被民警抓了个正着。

案子很快有了结果，张队长悬了一个月的心慢慢落了下来，现在的犯罪分子作案手法越来越高科技化，新型犯罪手法频现，确实考验着警察们的业务素质和科技素养。

>> 亨特张 说防范

洗车工"抽张儿" 抽掉车主2200元

春节临近，小丽想把自己的爱车清洗一遍，便来到了家门口的一个洗车店。"老板，把这个车好好清理下，尤其是车里面的地垫。"小丽是这里的老主顾，跟老板很熟，老板应声答下，招呼几个人开始洗车。

这家洗车店在小丽家楼下已经开了五年，但门店经常装修，内部也打点得十分不错。老板是一个三十出头的小伙子，几年前开始创业慢慢地将这个小店发展壮大，如今，成为这一带车主常来洗车的地方。

店里的员工有十多个，基本都是外来务工的年轻人，都是小伙子，还有一个年纪偏大的妇女。店前的地上被洗车水溅得很湿，地面上汇出一条条小水流，犹如一条条静脉血管分布在人体的四肢，不断在身体内实现循环。

洗车的时候，小丽径直到店内坐着了。四个洗车工分工明确打理着车子，很快，车子变得焕然一新。"你们这儿的效率可真高，呵呵。"小丽跟老板打过招呼付过钱后，便开着车离开，往家的方向去了。当她行进到路口等红灯的空儿，她猛然注意到自己的挎包是打开了的，一想到挎包里还有一万块钱，小丽开始着急了，她脸色慌张，眉头紧锁，赶紧拿起挎包翻出其中的东西，并清点现金。"少了2200元？"半信半疑的小丽又一张一张地重新数了一遍，确定丢

QIAOZA JIDONGCHE 撬砸机动车

■ 起获的作案工具

了2200元钱。气愤和紧张让小丽再也坐不住了，立即报警并往回赶。因为，她断定钱是刚才洗车的时候被偷走的，而洗车的人都是店里的人，旁人不可能接近。

一路上，小丽开车呼啸而过，停在了洗车店不远处的一个路口，她怕打草惊蛇，不敢提前声张，而是在原地等着警察的到来。接警民警很快赶到了现场，他们照例向小丽详细询问情况，并做了笔录，随即到洗车房进行调查。

"刚才谁负责清理车的内部呢？"民警向给小丽洗车的四个人询问道。"杨某！"一个大约二十来岁的小伙子说。"刚才只有他进过车的内部。"另一名男子也补充道："刚才好像只有杨某进去了，我反正是没有进去过。"听到这儿，杨某一下子慌了起来，他呆呆地站在那里，一声不敢吭，两只手不自觉地抠着衣角，轻轻地咬了咬嘴唇。

"杨！"民警大声喊了一声，"你刚才见到那位女士的包里的钱了吗？"

"我刚才是看见里面有个包，可是我没有拿里面的钱。"杨某怯怯地说。

"那你看见包的时候，包在哪里放着，是什么样的一个状态呢？"民警继续问道。

"我看见的那个好像不是挎包……嗯……对，我没有看见，我看的那个不是她的挎包，里面放的也不是钱。"杨某继续解释道，但显然并不那么自然。

在杨某说话期间，细心的民警注意到他的手没有安稳地放着，

>> 亨特张 说防范

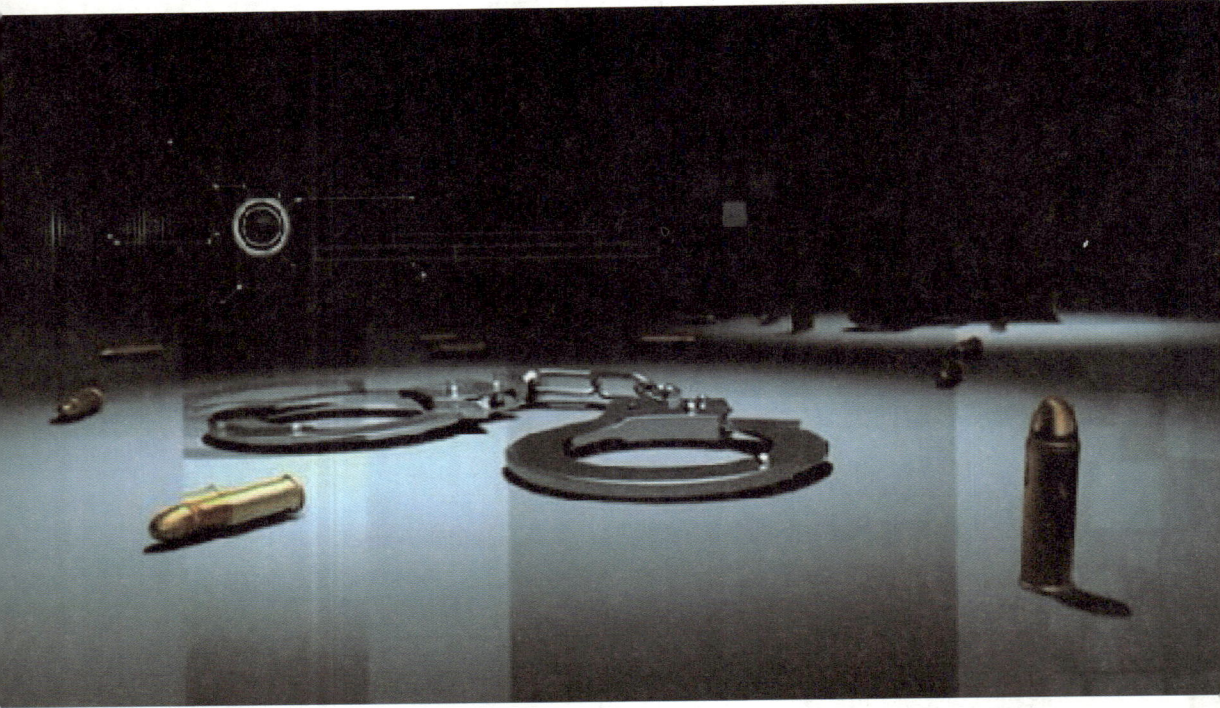

而是不停地变换着位置，要么抓着衣角，要么掏掏口袋。民警断定，杨某有问题，而且不敢承认，尽管他的表现已经将自己的行为暴露无遗。于是民警换了种方式继续跟杨某讲。

"按照法律，未经他人许可，以占有为目的私自拿走他人财物就属于盗窃。盗窃罪要依法追究其刑事责任。但是如果能自行交代，坦白犯罪事实的话，法律在量刑的时候可以酌情减轻罪责。"民警给洗车店的员工上起了法律课。

他还问道："杨某，你家里都有谁呀？谁对你最好啊？"

杨某又开始没有了声音，他低头沉默了许久，没敢抬头看警官。

四下里，员工们都开始议论纷纷，大家都用一种鄙夷的眼光注视着杨某，大家似乎已经并不在意杨某是否认罪，而是他将以什么样的方式应对警官的解说。这个平日里少言寡语的男孩子，虽说不爱说话，但为人看起来还算老实，对人也蛮厚道，他们很难想象这样一个一向做事低调的年轻人居然会在光天化日之下做偷鸡摸狗的事情，而且就在自己的眼皮底下。

随着杨某与民警机械地对话，杨某似乎慢慢地平静了下来，"钱是我拿的"一声喊出，小丽深深地吸了一口气，同时，感到了些许安慰，毕竟钱是有下落了。

杨某小声嘟囔道："我当时在车里清理地毯时，看见车座上放着一沓钱，我想，那么多钱，抽出几张应该也不会被发现，于是就抽了几张。"他的声音越说越小，后来干脆没了声音，继续沉默开了。

"钱在哪里呢？"杨某听后，赶紧从衣服口袋里掏出了一叠钱，从拿到手里到被发现，他还没有来得及把钱藏起来。在钱被警方拿走的一刻，杨某的眼泪夺眶而出，"我知道错了，我一时糊涂，我以为不会被发现。"听了杨某的话，小丽真是又气又恨，"拿了别人钱居然还讲出这样一堆理由。"

是呀，金钱的诱惑力太大了，尤其是一大摞现金摆在面前，多少会让一些人眼前一亮，两腿发软。杨某没能经得起诱惑，最终走向了犯罪的道路，被发现后，还幻想能通过一张嘴为自己洗脱罪责，为人实在是"敦厚"啊。看着杨某被警察带走，昔日的同事们都唏嘘不已，感慨人心叵测。

民警告诉小丽，洗车的时候一定要把自己的贵重物品看好，尽量不要放在车里，而是随身携带，以便使东西随时处于自己的控制范围内。小丽连声感谢，称自己会吸取教训，不再这么大意了。

洗车店外的水依然不停地流着，临近过春节，生意格外好。一条条细流小溪般流淌在水泥地上，随地势汇集到下水道里。杨某被押上了警车，缓缓地驶出了人们的视线，消失在了远方。

>> 亨特张 说防范

疯狂窃贼连续砸车
民警设伏天桥堵住疑犯

■ 春暖花开，正是外出踏青的好季节，很多家庭会选择开车出游，景区周边路面车流量会明显增大，不法分子也蠢蠢欲动，寄望在机动车上做些文章，砸车窗、撬后备厢、中控锁干扰器、拍车门、偷油等涉车盗窃，人车、车车碰瓷儿敲诈等犯罪也会呈上升趋势。

只身一人，不足一个月的时间，疯狂砸车60余辆。2013年3月，海淀警方将这名系列砸盗汽车的嫌疑人抓获。

2013年2月下旬以来，海淀中南地区陆续发生30余起撬砸车窗盗窃案件。案发后，海淀警方通过现场勘查，认定该系列案件为同一嫌疑人所为。海淀警方立即成立了由刑警、巡警和属地派出所等单位组成的专案组，加大高发案地区的巡逻震慑和便衣设伏的力度，同时将视频监控全部锁定在车辆停放密集的路段地区，由专人24小时值守，誓要将嫌疑人捉拿归案。

3月12日凌晨1时许，曙光派出所的沈警长正在辖区进行蹲守时，突然接到电台信息，所内民警通过监控平台发现某小区外路边出现了疑似嫌疑人的踪迹。接报后，沈警长立即和同事驾车赶到该小区外，并在车内暗中观察，果然发现了一名体貌特征跟嫌疑

撬砸机动车

人极为相似的男子，该人一直在路边集中停放的车辆旁徘徊，并不时用手电观察车内情况。

见此情景，沈警长他们不动声色地将车缓缓开到男子附近，并下车准备对其实施抓捕。男子见到有车辆经过，起初还装作若无其事的样子往反方向走，一回头见到民警正向自己赶来，吓得撒腿就跑。

沈警长见状，立即跟同事追了出去。而车内民警则一边驾车追赶，一边通知附近其他巡逻警力配合堵截嫌疑男子。民警们一直将嫌疑人追到昆玉河边，眼看就要追上时，男子却一翻身越过路边的隔离带，奔上了过街天桥，将追赶的民警甩在了身后。逃上天桥上的男子心中正暗自庆幸，但很快他就傻眼了，因为在天桥的另一边，还有几名民警正全副武装等着他呢——专案组在细致分析了嫌疑人作案特点和活动轨迹后，在案发周边地区布下了天罗地网，附近的巡逻民警接到追捕信息后，立即赶到天桥，将男子堵了个结实。嫌疑男子被抓获后，民警当场从其身上起获了手电筒、改锥等作案工具，后又在其暂住地内起获大量银行卡、笔记本电脑、手机、高档烟酒等财物。

据审查，嫌疑男子肖某对自己以撬车窗的手段盗窃车内财物的事实供认不讳。肖某由于自己承包的小工程资金周转不灵，便动起了砸车盗窃的念头。一到深夜，肖某便来到高档小区外车辆集中停放的路边，选择好作案目标后，利用自己做过玻璃加工的技术，只需几秒钟便能撬碎车窗。自2月中下旬以来，肖某在海淀、丰台等地连续疯狂作案60余起，盗窃所得财物大多都被他挥霍。

>> 亨特张 说防范

海淀警方打掉
盗窃车内财物的犯罪团伙

仨老乡来京专门"搜刮"高档轿车车内财物,海淀刑警寻迹追踪,一举打掉这个盗窃车内财物的犯罪团伙。

2012年11月5日16时许,海淀刑侦支队接到报警,事主李某称自己放在车内的现金被偷了。侦查员迅速赶赴现场了解详细情况。

原来李先生只是开车途经北京,凌晨1点多时,将车停在大钟寺某商场门口辅路路边,4点准备再次赶路时,发现汽车被人动过了,放在车内驾驶员的手扶箱里面的现金3.5万元人民币、3000元港币、200元美金均被盗。随后,李先生连忙对车中物品进行了检查,发现后备厢中六条软中华香烟也不见踪影,丢失物品总价值达4万余元,无奈的李先生赶忙报了警。

接警后,海淀刑侦支队侦查员赶紧安慰李先生情绪,随后调取案发现场周边的监控录像。民警发现5日凌晨将近2点时,有两名男子来到李先生停放在路边的车旁,从身上取出长镊子一样的东西,试图将李先生的车门撬开,但试了多次都没成功。两个人大概"忙活"了十多分钟,大约2点,其中一名戴棒球帽的男子将李先生的车撬开,并进入车内,另一名男子则打开后备厢寻找值钱物品。此时,又有一名男子走到奥迪车旁放风。在盗窃成功后,三名男子分头离开,其中两名朝北走,而棒球帽的男子却朝南走去。等另外两人走远后，棒球帽男子再次进入车内，几分钟后离开。2时15分，三名男子会合，并开一辆牌照被遮挡的汽车离开。

据此，侦查员初步判断棒球帽男子在车内发现大量现金，可能是为了避免与同伙分赃，骗走同伙后再次进入车内，将财物独吞。

经过走访调查，侦查员找到了嫌疑车辆的车主桑某。通过比对，侦查员发现桑某与5日凌晨盗窃李先生车辆的三名嫌疑人之一戴棒球帽的男子十分相似，并且桑某所开的车辆也与监控录像中显示的三名嫌疑人盗窃得手后离开时驾驶的车辆完全一致。

11月12日上午，侦查员将桑某抓获，并从其驾驶的车上起获撬汽车车锁的作案工具和遮挡车牌用的光盘，同时侦查员查实嫌疑人桑某的银行卡于2012年11月5日下午存入人民币3.4万余元。随后，侦查员在另一名嫌疑人郭某的暂住地将其抓获，起获了软中华烟、美元及港币等被盗物品。

>> 亨特张 说防范

神探提示

撬砸汽车盗窃目标主要是放在车内的现金、车载电脑、手机、GPS 导航仪等物品。车后备厢中的高档烟酒、礼品等，特别是安装在前风挡玻璃上的 GPS 成为不法人员青睐的物品。

案发时间：傍晚就餐时段易高发，一年中，夏秋季节及春节期间是机动车被盗以及后备厢被盗案件容易发生的时候。夏季多雨，雨夜和气温较低的秋夜，户外人员少，是相对容易作案的时间。春节期间因为人们通常在车内存放很多礼品，也给犯罪分子作案提供了条件，案件发生较多。

案件多发生于每天中午、傍晚就餐时间段，周五、周日是高发期。

作案手段：犯罪嫌疑人通常用工具砸碎机动车窗户玻璃，打开车门实施盗窃。近几年来，利用遥控解锁装置破解中控锁的犯罪手段也呈现上升趋势。

防范要点：

1. 车内不放财物；
2. 离开车时，不要把钥匙留在点火器上；
3. 不在车内时不要让车处于启动状态；

QIAOZA JIDONGCHE 撬砸机动车

4. 不要不锁车，不要让车窗开着；

5. 不要在车内放置现金、手机、相机、皮包、金银首饰及贵重物品；

6. 不要把车辆后备厢当作"保险箱"，把大量物品甚至贵重物品放置其中，停车要选人多的地方；

7. 警方提醒市民，尽量将车停放在车库或有人看管的停车场，如果没有应停在地势开阔、路线单一、行人较多的场地。夜间尽量把车停在灯火通明的场所，或者人流车流相对较多的地方；

8. 尽可能在自己的车上安装报警装置或防盗装置，小偷实施砸车行为，车主能及时发现，一旦发现马上叫上尽可能多的人下楼查看。车辆被砸后应及时与警方联系，注意保护现场。

 车内放贵重物品，砸你没商量

有些车主习惯于在车手抠、置物箱内放置一些贵重物品，如果汽车又停在了人员稀少、灯光较暗的地方，周边又没有监控，没有专业人员管理，车内的贵重物品无疑对犯罪嫌疑人是个巨大的诱惑。犯罪嫌疑人会"不自觉"地拿起手中的弹弓、扳手，甚至街边的砖头等物品，砸你的车窗没有商量，等车主第二天着急出去游玩时，发现车窗被砸，车内物品被盗了，悔之晚矣！

>> 亨特张 说防范

 **后备厢不是保险箱，撬锁只是小儿科**

节日期间，人情往来，一些车主习惯在后备厢内存放一些礼品财物，殊不知，后备厢不是保险箱，后备厢上的锁对于犯罪嫌疑人来说，只是小儿科，使用一些特制工具后备厢很容易被撬开，东西偷走后，后备厢一盖，车主当时还不容易发现被盗。等车主回家时，才发现后备厢空空如也，破财又伤面儿！

 **你以为你锁了车门，那是你以为……**

节日期间，免不了各大商场、超市血拼一番，车停到停车场后，车主按了中控锁，以为锁了车门，放心离去。其实，在车主的不远处，还有几双贼眼一直盯着呢，他们其中一个手中拿着一个遥控器模样的东西，当车主离去时，有人跟着车主，随时报告车主的踪迹，其他人就会大模大样地打开车门，将车内的财物洗劫一空。你按了中控锁，可是你没有再顺手拉一下，你以为你锁了车门，那是你以为。

 **拍车门、追尾吸引你注意力，当心你旁边的包包**

节日期间，车流量大，时常会碰到拥堵，而有些车主又不习惯锁车门，当车主一个人在车上百无聊赖之时，突然有人拍后车门或骑自行车追尾，车主的注意力自然会被对方吸引，对方会在你的面前比画一通，车主以为是自己的车出了什么问题，自然会将注意力集中在对方身上，不防备间一双"黑手"打开了副驾驶门，伸向了放在副驾驶座上的包包。同伴得手后，拍车门的人也会一溜烟跑掉。贼和车，你顾哪头！

提示之五 空心钉放你车轮下，看你能跑多远

贼也会施计谋，单身车主开车前，已经被贼盯上了。在车主的车轮下放上空心钉，车子启动后，钉子钉破轮胎。车主在前面走，贼在后面跟，走不了多远，轮胎没气了，等车主下车查看时，贼们就靠近了，趁车主不注意，打开车门实施盗窃。轮胎被扎了，东西也被偷了，祸不单行！此种手段嫌疑人多用于银行等地。

提示之六 大车停路边，偷油搬电瓶

旅游火了，旅游大巴自然也就多了，大客车司机师傅们往往习惯将车停放在路边，在车上休息，当司机师傅熟睡时，贼就来了，撕开电瓶网，撬开油箱盖，搬走电瓶，抽光油。当司机师傅醒来时，打不着火，开不了灯。误了时间，还赔了油和电瓶。把车停在正规的停车场，油箱盖紧锁，给电瓶焊个防护架子，让贼想偷偷不着！

提示之七 停车不规矩，最易遭"黑手"

外出游玩，停车要讲规矩，方便自己也要方便大家，您挡了别人的道，别人就会划您的车，扎您的轮胎，甚至卸您的车轮。本来游玩时大好的心情，看到自己的爱车变成了花车，难免脸上变成一个"囧"字。

涉车犯罪花样多，防范起来难度高，开车之前四周看，行车之时车上锁，遵纪守法不违规，车辆放在停车场，锁车之后再试试，车内不放贵重物，遇事及时要报警，现场证据保存好，大家一起来防范，犯罪分子心慌慌。

>> 亨特张 说防范

神探说防范 拎包盗窃

>> 什么是拎包盗窃？

随着现代都市人生活节奏的不断加快，许多餐厅尤其是快餐店的生意也越开越红火，每到就餐时段，店内常常是人头攒动，热闹非凡。

不过就餐时人们常常把注意力集中在菜肴上，而忽略了随身携带的财物。虽然商家在店内采取一系列的安全提醒和防范措施，仍有一些为利铤而走险的黑手频频伸向食客。

除了在快餐厅，商场的试衣间、鞋店的试鞋座、咖啡厅以及大型购物商场超市里等，拎包盗窃、顺手牵羊的不法分子也是频频出现。

和街头扒窃相比，发生在公共场所的拎包盗窃侵害人群更加有针对性。因为受害人随身携带的背包、挎包等物品里所装有的财物非常集中，所以一般给受害人造成的损失更大。

>> 拎包盗窃的时空特点

时间特点

警方在办理了一系列拎包案后发现，该类案多发生于人流较多

2009年张惠领给保安员上课

的快餐店，案发时段主要集中在用餐时间。发案时间集中于10时至13时、17时至19时30分。

春夏之交主要防范扒窃类案件，因为此时人们外出活动增加，多把钱包、手机放在外衣兜内。而夏季来临之后，市民要重点防范拎包类盗窃案，主要是天气逐渐转热，人们的外衣穿得较薄，大多把财物放在手包内。

此外，春节期间市民外出购物时往往带有大量现金，客观上也加剧了不法分子的作案心理。

地点特点

发案场所以商业场所最为明显，主要集中于商业繁华地区餐饮场所、大型商场和大型超市等地。多发生在公交车、菜市场、医院、商场等公共场所。

此类案件相对集中发生在大中型购物场所内，不法分子通常选择人流量较大、比较拥挤的商场、超市，针对受害者购物、就餐时随手将包袋放在远离视线处从而实施拎包作案，或针对专心挑选商品未留意自己背包、衣服口袋的顾客采取"拉拉链"、"摸口袋"等手法实施扒窃作案。

商场的进出口、收银台、自动扶梯和直达电梯，也是人流最多的地方，而不法分子就是喜欢在拥挤的人群中挤来挤去，创造与人碰撞和贴靠的机会，趁乱伸黑手。

除此之外，一些酒吧、泳池更衣室也是容易造成失窃的场所，尤其在大热天里，不少市民都喜欢去酒吧或者游泳健身，而人多拥挤的地方正是扒手喜欢的场合。如果有受害人饮酒过多，那就更容易被不法分子盯上。

>> 拎包盗窃的惯用手法

◎ 以结伙作案为主。先以消费者身份在餐饮场所"守株待兔"。选中"目标"后一人实施拎包，多人望风、作掩护。

◎ 贴靠"目标"并坐在其身后或旁边座位，乘被害人放松警惕、注意力有所转移之际伸手拎包，然后将包迅速转交给另一个手提大包的同伙，并将包放入其中。这种"大包套小包"的伎俩既能遮人耳目，成功率又高，是主要的犯罪手段之一。

◎ 贴靠"目标"后，一人以拍肩询问事情或将一枚硬币踢至被害人脚边，提醒丢钱等方法让你转移视线或弯腰捡拾，另一人则乘机窃走被害人放在餐桌、邻座上的包。

>> 作案手段揭秘

掏：以报纸、衣服等作掩护，或者小跑跟随，趁乘客不备，将乘客包内、衣兜内钱物掏走；

割：用锋利刀片划开包盗取现金及贵重物品；

拎：乘旅客睡觉或转移旅客注意力，顺手牵羊将包拎走；

换：用同样的包将旅客放有贵重物品、现金的包调换。

防范要点：

◎ 在人流拥挤的餐饮场所，包袋要放在自己的视线范围内或集中放在外人够不着的地方。在餐厅就餐时勿将携带的手提包或挎包随手挂在椅背上或身后，可放在腿部或身体的前方。

◎ 独自购买食物时，包袋要随身携带并斜挎，不要让涉世不深的小孩替你看管。

◎ 与朋友共同进餐时，如打电话、上厕所需要短暂离开餐桌，请托付同就餐的朋友帮忙照看包袋。

◎ 发现有人紧贴你或故意碰撞或触动你的包时，应立即查看，发现遭窃请及时呼救和报警。

◎ 外出时拎包别往后背，拉链拉上后，最好用腋窝或胳膊夹住锁头位置。

◎ 在试鞋、试衣服时，尽量要看好自己的物品，别让包离开自己的视线。

◎ 在大型超市购物时，不要将装有现金的手提袋随意挂在超市购物车里，最好选择寄存贵重物品，输入密码时要注意防范窃贼偷窥。尽量少携带大额现金出门，可以用各类金融卡代替，实在必须带现金时，最好把大面额钞票与零钱分开存放。

◎ 喜欢听歌逛街的人，最好改掉这个习惯，因为有时一边听歌一边逛街会分散注意力，而且音量开得过大，很容易导致听歌的人忽视对旁边人的一举一动。

◎ 笔记本电脑的资料一定要及时备份。在已发案件当中，不少损失最严重的都是被窃的笔记本电脑中的资料。

>> 可疑人群防范：

有简单的三招可以在人群中识别出扒手。

首先 是故意挤人，特别是在人多的地方，当有人在前后故意挤你，要防范"三只手"浑水摸鱼。

其次 是吃饭时有陌生人在你身后打电话或等人，而你的包放在旁边的椅子上，这时要谨防有人借机拎包。

最后 是有的扒手会拿着包或衣服挡在你的衣兜或提包上面，以此遮住别人的视线，而另一只手则在遮挡物下面偷钱包。

撩帘儿扒盗 神探打团伙

2010年12月23日下午3点多，知春路一家超市通向城铁的通道中，人流往来如织。三瘦一胖四名男子顺着人流，向城铁走去。胖男子先一步撩起通道处的棉门帘，进入通道，靠在入口处门边。另三名男子放慢了脚步，盯着进出城铁的人，上下打量。

四个人一会儿进一会儿出，乘行人撩帘儿之际，伸出长镊子，盗取路人财物。就在他们刚从一个女孩羽绒服兜里夹出一部手机，暗自得意之时，谁也没有注意到身边已经靠近了几名"陌生人"。一个眼色，"陌生人"一起动手，将四人压在地上……

>> 猖狂行窃，快餐店里女孩被盗

事情还得从23日中午1点说起。

海淀黄庄某快餐店人声嘈杂，坐满了来此吃饭的顾客。一个女孩低头吃饭，丝毫没有注意到两名男子来到身后。其中一个拉开女孩书包拉锁，将一个粉色钱包夹出来，另一个左右张望，放风掩护。

随后，盗包男子将物品递给另外两名男子，四人转了一圈后，准备扬长而去。正走到门口时，快餐店一名男员工揪住了其中一名男子。

"干吗！你为什么拽我？"男子叫道。

"你偷钱包！"快餐店的男员工边说边把这名男子揪回店里。

看到同伴被拦，已经走出快餐店的其他三名男子折了回来，把男员工围在了中间，其中一个人"嘣"地弹开了一把弹簧刀，刀尖对着男员工。

"你小子别管闲事！"四个人恶狠狠地放了话，推了男员工一把，迅速离开了快餐店。这一切都被两名热心群众看在眼里，他们立即给民警打电话。

>> 隐身超市，尾随顾客下手扒窃

四名嫌疑人从快餐店里出来，上了一辆出租车，沿着中关村南大街向南驶去，不知去向。

接到报警的张惠领迅速赶到快餐店，了解嫌疑人情况，并部署警力在周边开展查找。

一会儿，知春路传来消息，一名女士在超市购物时，手机被盗。老张连忙赶到知春路，经查看超市监控录像，发现此次行窃的和快餐店作案的是一伙人。

根据经验，老张判断这伙人应该还在周围，他一面安排其他民警在超市外围侦查，一面进入超市查看。当走到超市生鲜蔬菜区时，警惕的老张发现这四名男子正分散在柜台周围，他们有的推着车，有的拿着购物筐。但无一例外的是，眼睛都盯着在柜台前选购物品顾客的口袋。这四人并不急于下手，而是一直尾随至收银台，待事主结账行至超市出口时，乘事主撩帘子不备，下镊子偷窃。

老张此时已经心中有数，这个盗窃团伙，分工明确，稍胖男子负责把门望风，两名男子负责贴住事主偷窃，一名体格偏瘦的男子负责保管盗窃所得物品。四人时聚时散，沿着超市通道向城铁走去。

这四人一旦上了城铁，跟踪抓捕会更加困难，而此时支援警力还没有到位，敌四我五，老张在心中捏了把汗。

>> 黄雀在后，便衣民警制服歹徒

这时，民警老刘来到老张身边。怎么办，抓还是不抓？两个人眼神交错，已有定夺。老张指挥其他三名同志慢慢向嫌疑人贴靠过去，自己和老刘向负责保存赃物的男子走去，待各自到位，一声令下，同志们开始行动。四名嫌疑人拼命反抗，两人亮出了弹簧刀，但最终都被民警制服，当场起获手机七部。

在制服歹徒的过程中，老刘的衣服和裤子都被撕破了，脸颊和手腕也被嫌疑人抓破。当民警给这四人戴上手铐时，围观的路人纷纷鼓掌向民警致意。"好样的，这些贼都该抓了重判！太可恨了！"不少路人发出这样的感慨。

在派出所里，经民警审查，嫌疑人郭某等四人在京无业，为盗窃方便，四人买来30多厘米长的大镊子，并进行了"升级"，只要镊子一咬合就不再"松口"。这四人对持长镊盗窃一事供认不讳。最终，四名嫌疑人被海淀警方刑事拘留。

起获的盗窃赃物

>> 亨特张 说防范

窃贼玩"贴人儿" 分赃不均内讧

　　为了偷钱包，三名窃贼与过路人玩起了"贴人儿"游戏，就在窃贼追逐、贴靠、相互掩护当中，过路人稀里糊涂地"被玩了游戏"——丢了钱包！得手后，窃贼们却又因仅有的一张百元"战利品"争得面红耳赤，欲当街"撕票"。嫌疑人的种种表演都被老张看得一清二楚，老张在跟踪一个多小时之后，将三名嫌疑人一网打尽。

　　2010年12月4日下午，正在四通桥华星电影城附近巡逻的双榆树派出所便衣民警老张发现，有一伙人追着过路人走，并且"贴得特别近"。敏感的老张马上意识到，这很可能是一伙窃贼。这伙人三三两两打配合沿着华星电影城西侧的马路，一路"贴人儿"。他们用身体贴靠过路人的同时，眼睛还使劲儿瞟着事主随身携带的物品。

　　老张与另两名便衣民警紧跟这伙嫌疑人不放，嫌疑人走街串店后，进了一家超市。在超市，这伙人盯上了一位推着购物车的女学生。由于屋里暖和，女学生将大衣链拉开，随手将钱包揣在大衣兜里。只见嫌疑人迅速贴靠上去，其中一人伸手将女学生的钱包偷走，随后四散逃离。

　　来不及解释的老张紧跟着走到女学生跟前，只说了句"到派出所找钱包！"将一张"警民联系卡"塞到女学生手中，又快步跟着嫌疑人跑出了超市。

得手后的嫌疑人见四下无人注意,从女学生的钱包里翻出一张100元的人民币。而就在他们寻找下一个目标时,为了这张100元的分赃问题发生了争执。老张听见,他们中的一个高个儿男子想收工返回,就向拿着那张100元钱的人说要钱。拿着钱的人说,"就一张,没法分!"想让高个儿男子等等再说。但是高个儿男子执意要走,拿着钱的人不耐烦地当街大喊,"我把这一百撕成两半儿行不行!"

随后,三名嫌疑人"闹着别扭"进了一家电器市场。老张见抓捕时机已到,立即汇报双榆树派出所请求警力支援,并分兵把守在电器市场的进出大门附近。

10分钟左右,大摇大摆从电器市场走出的四名嫌疑人,被设伏在门口的便衣民警依次抓获。民警从嫌疑人身上起获了超市女学生被盗的钱包及100元人民币。

此时,被盗女学生早已依据"警民联系卡"上的电话,与自己的母亲一起找到了海淀分局双榆树派出所。看到自己失而复得的钱包,女学生说,钱包里只有100多块钱,丢了不要紧。关键是包里还夹着自己最喜欢的父母的一张合影,要是丢了一定非常伤心。

张惠领在审查嫌疑人时,收到了远在外地的女学生的父亲发来的短信:"民警同志,衷心谢谢您!首都民警就是不一样,真正为民,好人一生平安!"

>> 亨特张 说防范

偷包"情侣"打车逃窜被堵
餐馆掌声响起称赞抓贼民警

跟老伴一起在餐馆吃面的刘大妈怎么也没想到，挡在自己羽绒服下的手包会让窃贼偷走。"打扰各位再仔细检查一下，谁的包丢了。"当张惠领喊到第三遍时，刘大妈才发现自己的包丢了，此时，餐馆里就餐群众响起了热烈的掌声……

这是发生在双榆树某小餐馆里的一幕，而民警为了抓住这三名餐馆窃贼却已经足足蹲守了半个月。

2008年12月3日，双榆树派出所接到某餐馆报警电话，一对儿年轻人在就餐时手包被偷。民警迅速赶到现场并调取了餐馆里的监控录像。在当晚7时40分左右的监控录像显示：一高一矮两名男子形迹可疑。二人一前一后相继走进餐馆，矮个儿的手里一直打着手机，他们在一个餐桌前会合后又马上分散，不到两分钟，矮个儿迅速抄起放在一对年轻男女身边的手包走出餐馆，而高个儿男子也随后离开。民警判断，这一高一矮两名男子有重大嫌疑。

双榆树附近小餐馆林立，就餐高峰时人多车多是窃贼下手的好时机。派出所决定在每晚就餐高峰时，组织便衣民警在案发小餐馆周围及周边餐馆布控。在半个月的蹲守中，一高一矮两名男子一直没有出现，直到再次案发当晚，张惠领发现二人在另一小餐馆附近出现了。

LINBAO DAOQIE 拎包盗窃

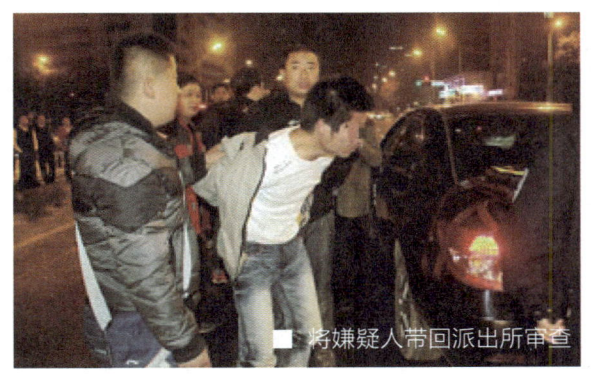
▲ 将嫌疑人带回派出所审查

当晚5时45分,蹲守民警已经分布在双榆树小餐馆周围。5时30分左右,目标出现。矮个儿男子一直徘徊在餐馆外面,高个儿男子背坐在一位就餐的大妈身后,而这次,高个儿男子对面多了一名年轻女子。蹲守民警密切注视嫌疑人的动向。

19时左右,年轻女子挽着高个儿男子的胳膊大摇大摆走出餐馆,而一只刚得手的红色手包被拎在该女子手中。二人走出餐馆后,脚步加快急匆匆上了一辆出租车。此时,4名便衣民警立即扑向刚要开动的出租车,将高个儿男子和年轻女子抓获,当场起获出租车后排座下方的红色手包。与此同时,另一路便衣民警也将在外望风的矮个儿男子控制。3人被民警带回双榆树派出所审查。

随后,老张又拎着红色手包返回餐馆寻找事主。一边跟老伴聊天一边吃面的刘大妈根本没有察觉自己的手包被偷。老张在餐馆服务台大声询问,可是其他就餐顾客把自己随身物品检查了个遍也没发现丢包。他刚要用喇叭广播,刘大妈突然大声喊"我的包丢啦!"此时,老张和就餐顾客都露出了笑容,"您的包在这儿呢",餐馆里响起热烈的掌声。

>> 亨特张 说防范

贼性不改"三进宫" 神探识贼抓现行

一天晚上7时许,正在双榆树附近进行便衣出探的张惠领和他的探组发现一名身着浅黄色羽绒服的中年男子在路边的门店前时走时停,并不时地四顾张望,凭着多年的抓贼经验,张惠领判定这名男子很有可能是个老贼,于是就悄悄地进行跟踪观察,不一会儿,便衣民警们眼看着这名男子走进了一家麦当劳店,于是民警也开始在店内和店外进行观察。

进入麦当劳后,这名男子并没有急于点餐,而是空着手在餐厅内来回转了几个圈,既没有点餐也未落座,眼睛四处不停地寻摸,目光所落之处都是餐厅内就餐顾客随身携带的衣物及背包。这时一名女事主手推着婴儿车去了洗手间,车子的把手上还挂着一个红黑色的双肩背包。而这名男子也随即起身去了洗手间,就在女事主把车放在洗手池洗手之时,这名男子快速上前趁事主不备将车子上的双肩背包裹在外套内偷走。这一切都被张惠领看在了眼里,就在这名男子拿着刚刚得手的包准备出门逃跑时,埋伏一旁"守株待兔"的张惠领和便衣探组民警迅速上前将该男子抓获,当场起获事主刚刚被盗的双肩背包一个,经现场清点,事主包内装有一千余元现金和手机及照相机各一部。于是民警将嫌疑人带回派出所继续进行审查。

在审查中,嫌疑人刘某交代,他是几天前从老家刚来到北京,无业,2005年因为在香山偷钱就曾被公安机关处理过,没有经济来源的他又干起了这既省事又来钱快的行当。接着民警通过核实,发现刘某在1980年就因为盗窃在老家被判刑5年,是一个曾经"二进宫"的老贼。

神探提示 SHENTANTISHI

▍餐厅防拎包

通过案件的分析发现,拎包案件大部分在餐厅饭馆集中的高发路段上。发案仍然以人流量大、流速快的快餐厅为主,发案时间仍集中在午后及傍晚时段,相对突出的高发时段是傍晚。也提醒在餐厅就餐的顾客,要看好自己的贵重物品,包不要脱离自己的视线。就餐时注意发现自己周边的可疑人。餐厅拎包嫌疑人一般在两人以上,作案时嫌疑人以等人为由不点菜吃饭,作案一旦得手会迅速离开。

▍公共繁华场所防扒窃

提示群众外出游玩、就餐、购物时要注意:尽量不往拥挤人群中挤,乘坐公交车,在上车前要注意备好零钱,钱包放在贴身口袋;避开老"贴"在你身边的陌生人;尽量少带现金,应尽量减少翻包点钱的次数;贴身衣袋放钱为妥,不要放在后裤袋中,在餐厅就餐时如需脱外衣,一定要把外衣内的钱包、手机等贵重物品拿出妥善保管;购物时不要光盯着商品,要注意自己的钱包;信用卡和身份证要分开放;女孩子最好用斜挎包,置于胸前最合适。

驾车

当您驾车外出时，要保持警惕，停车后贵重物品切勿放在车内或后备厢，防止被砸盗。行车途中，要锁好车门，遇有意外情况需要下车，要带好随身物品，防止被犯罪分子乘机拎包。

逛商场警惕五个地方

皮鞋专柜：浑水摸鱼

皮鞋专柜的试鞋区域是扒窃案的高发区域，顾客只顾低头试鞋，有时包就放在身后的座位上，一不留神，小偷便得手了。

商场服装区：顺手牵羊

顾客在试衣服时，一般把外衣脱下来，而手机、钱包往往放在外衣兜或包内。当包、手机离开自己的视线范围时，小偷便会使出"钳子功"，把顾客包内、兜里的财物顺走。

商场游戏厅：声东击西

在游戏厅内打游戏的顾客多把衣服搭在椅背上，或把手机放在游戏机上，结果被小偷"照单全收"。最近出现一种新的盗窃方式：小偷把一元硬币扔在地上，碰碰事主说"钱掉地上了"，趁着事主捡钱分神的工夫，就把放在游戏机上的手机偷走了。

商场地下超市：瞒天过海

顾客推着购物车逛超市，往往把包放在车内，当你扭脸在货架上挑选商品的时候，跟在后面的贼就会马上下手，把你车里的包偷走。

商场周边快餐店：暗度陈仓

就餐时，顾客一般把包放在旁边的椅子上。贼透过快餐店的玻璃窗观察事主，然后拿着手机佯装打电话等人，进店后坐在事主放包座位的后方。趁着事主低头吃饭或聊天的时候，贼偷偷地把手伸向身后事主放在座椅上的包。

节假防扒提示

逛街要少带贵重财物，多用信用卡，购物时尽量"财不外露"。

不管在什么地方，都要把钱、手机、包放在自己的视线之内，手机最好放在有拉锁或能系扣子的口袋内。

遇到陌生人无故拥挤要提高警惕，这也许就是小偷要下手的信号。

商场门口、电梯也是两个高发案的地方。

高发案时间段集中在"饭口"前后，即中午11时30分到下午2时30分、晚6时30分到晚8时。

>> 亨特张 说防范

神探说防范 "抽张儿"

社会经济的快速发展，使人们的生活也发生了很大的变化。随着市场经济的繁荣，人与人之间的经济往来愈加频繁，大到商场超市的收银结算，小到市民早市买菜，桩桩件件都离不开使用钞票作为介质进行交易。

而切钱、抽张这些违法行为，不仅扰乱了正常的社会经济秩序，也是对每个市民切身利益最直接的侵害。

>> 切钱的时空特征

相对于其他的街头侵财类违法犯罪行为，切钱的手段多种多样，根据侵害对象的不同，其在作案时的时空特征也有较为明显的区别。

>> 时间特征

针对个人的切钱，一般多发于早上8时到10时许和下午的2时到3时许。而对于商家而言，时间上的特征则不会太突出，和人们常以为的趁乱实施相反，一般嫌疑人在作案时都会选择商家店铺人少时，几名同伙共同分工合作实施。

>> 空间特征

针对个人而言,切钱容易发生在早市、早市周边、社区口等地。而针对商家的切钱则喜欢选择收银员看起来业务不太熟练的商超、快餐厅,或是客流较少的餐馆、小卖部等经营小件物品的商铺。

>> 切钱的惯用手段

◎ 针对商家的抽张

1. 基本上都是团伙作案,相互间分工合作,有专门负责购物的,有专门在同伙购物时"添乱",分散收银员注意力的,有的还会有负责望风和得手后立即转移财物的同伙。

2. 一种常见手段是,在商铺使用大钱购买小件物品,以各种原因要求退款,与此同时,另外一名同伙则在询问其他商品的价格分散收银员注意力,两人一般配合默契。趁着收银员忙乱时迅速将找回的零钱藏起一部分,再将剩余的钱款退给收银员。由于此时的收银员同时应对多名作案人的询问,忙得顾不上再次清点钱款中招。甚至作案人在退款时故意激怒收银员,使其情绪激动,进而忘记再次静下心来清点钞票。

3. 在这类情况中,作案人也可能趁机使用假币趁乱进行交易。

4. 还有一类情况,是几名同伙一起制造忙乱的场景,在收银员已经找回零钞的情况下,作案人坚称对方未找钱,此时一旁的同伙也做证声称确实未找钱,让收银员再次找钱。

>> 亨特张 说防范

◎ 针对个人的抽张儿

这类作案人通常会挑选老年人作为作案的对象。他们会以低于市场价的价格销售各类蔬菜和水果,而且所售商品的质量又很好。让购买的老年人产生一种心理上的"亏欠感",然后再借机声称希望受害者帮忙换钱,把作案人所谓的一天的经营所得零钞换成整钱。在换钱清点钱币后,迅速抽出一部分钱币藏起,再用塑料袋包好和受害人换钱,使得受害人被骗。

这类作案人通常使用的自行车看起来都不像是专门卖菜的大载重量的自行车,而且所售的商品虽然被他们说成卖剩的尾货,但其实成色都很好,而且以极低的价格诱惑受害者购买后,再提出换钱。值得注意的是,和普通商贩所收的褶皱、散乱的零钞不同,这类作案人通常使用的都是整理得十分平整的一沓沓的零钞,这样方便作案人当着受害人清点钞票,在递给受害人时又能够迅速地转移藏在下面的大额钞票。

还有一点非常重要的是,这类作案人在实施抽张儿的行为时,和正常人从外向里清点票款不同,他们先把钱对折后捏在手心里向外一张一张数钱,以方便趁对方不注意的时候将手心里捏着的部分大钞转移到口袋或者车筐里。所以,如果遇到这样怪异的数钱行为时,十有八九就是遇到了抽张儿的不法分子了。

▶ 张惠领为店主讲解安全防范知识

专"抽"零钱盗窃团伙落网海淀

> 三人结伙，专门浑水摸鱼"抽张儿"，张惠领经过缜密侦查，将以"抽张儿"方式盗窃嫌疑人冯某等三人抓获，并当场起获赃款1000余元。

>> 小卖部老板遭遇"抽张儿"

四川来京的陈达，在双榆树附近开了一家商店。因为夫妻两人勤劳本分，再加上东西也给得实惠，虽说是小本经营，但日益红火的餐馆还是让一家人衣食无忧。在双榆树地区开餐馆好几年，生性豁达开朗的陈达也认识了不少街坊邻居。常常在辖区里巡逻的张惠领，自然也和他成了朋友。有时进出办事，看见老张，他都会上前打个招呼。

2010年10月29日中午，陈达的饭店里生意红火，进进出出的顾客络绎不绝。他也在收银台前忙得是不亦乐乎。就在陈达忙着收钱算账的时候，从大门口走进来两个男子。开始陈达还以为两人是一块儿的，"您两位要点什么？"陈达热情地招呼这两位顾客。

■ 在门店使用假币、抽张儿的不法分子，一般都会趁着事主最为忙乱的时候下手，因为这时事主由于忙着处理各种事务，精力不能集中在一件事情之上，防范意识下降，客观上让不法分子有了下手的机会。因此，事主在最忙的时候，切勿降低个人的安全防范意识，培养越是忙的时候就越要仔细认真的心理素质。最好在店里配备点验钞机设备，不给此类违法分子可乘之机。

亨特张 说防范

■ 这个案例中，两名不法分子相互配合，一人主要是在着手进行切钱的违法行为，而另外一人则主要是为了分散受害人的注意力，给切钱的作案人提供作案便利。所以，一旦门店经营者在发现有类似的双簧上演时，一定要格外留神。此类手段还经常出现在烟酒店中，一人要求购买大量烟酒，当事主忙着算账时他却以各种理由终止交易。其实，他就是在趁着事主扭头取货时已经调包，用假烟假酒甚至是塞满报纸的包装盒"狸猫换太子"。所以，如果遇上此类情形，一定不要太过慌乱，确保对方的行动都在自己的视线里。必要的时候在取货时把放在柜台上的烟酒做上标记，防止对方趁乱调包。

走在前面的男子递给陈达100元整钱，说要买一瓶雪碧。陈达接过100元钱，赶紧弯腰在冰柜里翻找起来。"来，您拿好，这是您的雪碧，这是找您的96块钱。"

"你们家雪碧怎么卖这么贵？人家都卖2块呢！"男子一脸的不悦，"这么贵，我不要了，零钱还给你。"说着就把手里刚刚接过去的一摞零钞扔在了柜台上。

陈达看男子生气，抱着和气生财的想法，只好赶紧把刚刚收过来的100元整钱还给了男子，还一个劲儿地赔着不是。这时候，一旁的男子又催促要买烟，让陈达赶紧拿烟来。可陈达刚刚转身准备取烟时，男子也抱怨陈达办事太磨叽，满脸怒火地离开。

陈达无奈地叹了口气，两笔生意都没做成，还落下两人的埋怨，他自己心里也挺郁闷的。他伸手取过男子刚刚扔在柜台上的零钞，这才发现刚刚递给男子的96元钱只剩下了46元。眨眼间50元钱就没了踪影。陈达马上意识到刚刚两人应该是演了一出双簧，目的就是趁自己手忙脚乱之机顺钱。

CHOUZHANGER "抽张儿"

张惠领在双榆树辖区教商户如何识别假币

>> 出门追人却见神探抓捕

想到这里，陈达赶紧从柜台后面跑了出来，他打算出门追住两个男子，要回自己的50元钱。

陈达刚刚推开商铺门，竟然看到老张带着探组成员已经将包括来自己店里买东西的两人在内的三名男子全部控制。陈达这下有点发蒙，心想自己都还没报警，老张就怎么把俩骗子给抓住了呢。

原来，就在两名男子走进陈达店里的前5分钟，巡逻至此的老张就已经发现了异常。老张看到三名男子鬼鬼祟祟在双榆树沿街的门店行走，而且总是两名男子一前一后地走

■ 发现自己受到不法侵害时，在自己追赶不法分子减少损失的同时，一定要记得及时报警，一方面能让侦查素质过硬的民警及时赶到现场，能够加大不法分子被抓捕的概率，一方面也是为自己的人身安全考量。

进门店，而另外一名男子则站在门口像是在望风。开始老张还以为这三人是打算盗窃门店财物的小偷，可直到两名男子在陈达店里使出"狸猫换太子"的伎俩后，老张这才明白遇上了三个切钱的不法分子。

老张立即部署身边的探组成员，等三人刚刚走出商铺准备再次寻找作案地点时，将他们三人一举抓获。老张当场还从负责望风的男子身上起获10元、20元、50元的零钱共1000多元。

>> 三人"切"钱一天就落网

回到派出所后，经民警审查，这三人均系山东来京的无业人员。据其中一个冯某交代，他们此次来京就是专门为"偷"而来。

10月27号下午三人刚到北京，没想干了一天多就被警察抓了。这三人供述，作案时，冯某和张某交替掩护以买东西找零的方式"抽张儿"偷钱，而汲某则负责望风。冯、张二人一前一后来到商品门店，冯某事先不问价钱就直接要某种商品，然后拿出100元钱让事主找零，张某则在旁边对事主说买这买那来分散事主的注意力。在零钱到手后，冯某又以商品太贵为由将商品和零钱退还事主，这期间冯某用极快的方式将其中部分零钱抽走，少则二三十元，多则四五十元，二人相互配合，以分散事主的注意力。

得手后，冯、张二两人迅速离开并将"切"来的钱交给汲某保管。就这样，这三人用同样方式沿双榆树附近挨家门店交替掩护进行"抽张儿"偷窃，不到一个下午他们就偷了十几家门店。在审查中，该犯罪团伙交代来京作案20余起，主要涉及双榆树附近的小商品门店、饭店及海龙大厦等地。

CHOUZHANGER "抽张儿"

街头游商贱卖西红柿切钱

街边的游商吆喝着"贱卖"西红柿，年过六旬的张大妈就买了2斤。可实际上这西红柿真可谓是天价，竟然花了张大妈70多块钱，不明就里的张大妈最终被张惠领叫住，这才发现是自己上了当。

>> 遇小贩 大妈贱买西红柿

2011年7月3日是一个周日，趁着大清早的凉爽，家住增光路附近的张大妈上早市买完菜正准备回家，却被路旁一个推着自行车卖西红柿的小贩给叫住了。

"大妈，您看，我这一车西红柿都快卖完了，就剩这几个了，全部给你5块钱，怎么样？"小贩伸出五个手指，又指了指自行车后架上挂着的大藤筐，热情地吆喝着张大妈来买。

顺着男子指的地方，张大妈发现虽然车筐里剩的西红柿不多，但满打满算至少也有四五斤的分量，少说也值十几块钱。虽然小贩说是卖剩的"尾货"，可张大妈瞅着这些西红柿还十分新鲜，就开始有些犹豫了。

看到张大妈踌躇不前，小贩还挺热情。"大妈，您上哪儿买这么便宜的西红柿啊？要不是我赶着收摊，肯定也舍不得卖。您买了就赚着了！我的西红柿新鲜，放家里能吃好几天呢。"

>> 亨特张 说防范

■ 此类案件的特点就是，违法人员常常喜欢寻找老年人作案。由于老年人上了岁数之后，一般眼神不好，反应速度也不及年轻人快。此外，这类案件多发于马路上，很少在正规的菜市场出现，因为事主一旦发现钱款少了，如果是正规市场的摊位，也会找回去理论。而把摊位放在路边，一旦得手就会立即离开，即使事主事后发现上当受骗，作案人也已经溜之大吉。因此，买菜时一定要选择正规的菜市场，不要亲信游商的各类说辞。买菜一定要到市场、超市或社区固定售菜点。在市场边、小区边遇到的推自行车贱卖蔬菜水果的摊贩一定要提高警惕，缺斤短两是小事，谨防以零钱换整钱趁机"切"钱。

听小贩这么一说，张大妈也觉得有道理，笑呵呵地把筐子里的西红柿都捡进了手推车里，给了小贩5块钱。

>> 要换钱 一百零钞数两遍

就在张大妈给完钱准备离开时，小贩又叫住了她。"大妈，还想麻烦您个事，您看，我这卖了一天的菜，收的都是零钱，您帮我换一下钱吧。"小贩说着，拿出了一摞零票，面额最大的也只是10块钱。"大妈，您看我都把这么好的西红柿便宜给您了，您帮帮我又不吃亏，是不是？"

想着小贩卖了一上午的菜也不容易，好心的张大妈就开始在兜里翻起大钞来了。

"谢谢您！大妈，您就给我100的，我给您数100块钱！"小贩举着手里的零票，十分感激地看着张大妈。

张大妈递给小贩一张百元大钞，小贩把零钱给了她。张大妈接过零钞，自己数了一遍确实是100块钱。她正准备把钱收起来时，小贩又开口了。"大妈，您把钱再给我，我再数数，忙忙叨叨地卖菜，万一数错了今天我就白卖了。"

想着小贩卖菜也挺辛苦，自己也不能占人家便宜，张大妈一下子就把零钱又递给了小贩。

"一五、一十，十五、二十……"小贩当着张大妈的面儿数起了钱，每数够5块还特意说出来让张大妈听着。眼见小贩数好了100块钱，双手向大妈递过来。"谢谢您了，大妈！"小贩一边说着，一边快速地将右手抽回兜里。张大妈还有些不以为意，接过钱放进裤子口袋里就走了。

>> 刚得手 民警就地擒骗子

看到张大妈转身离开渐渐远去，小贩的嘴角露出一丝不易察觉的狡黠笑容，立即跨上自行车准备离开。开始他刚坐上车座，就听见身后一声断喝："下来！警察！"

突然听到这一声怒吼，小贩吓得脑袋一缩，像是触电一般，差点从自行车上摔了下来。原来，就在张大妈和小贩交易、换钱的时候，身穿便衣的张惠领就已经出现在了一旁。看到小贩换完钱，他立刻上前将小贩控制。

和张惠领一起展开抓捕行动的探组成员控制住小贩，老张又赶紧一路小跑叫住了已经走远的大妈。"大妈，我是警察，您刚刚

■ 此类案件中，作案人都是以低价先诱惑事主购买商品，产生现金交易之后，才能有下手的机会。所以如果发现路边的游商以极低的价格处理商品时，一定要格外留心以免上当受骗，遭受不法侵害。

>> 亨特张 说防范

■ 案件中，不法分子要求再次清点零钞，就是为了给自己作案创造时机。作案人在再次清点钞票时，一般都还会采取高声数钱的方式来清点钞票数额，这样不仅能让事主确信对方给自己的钱款无误，也能分散事主的注意力，在将钱款交还事主时迅速下手，藏匿起部分钱财也不易被发现。所以，如果您遇到这样的情形，一定要加强防范意识，即使是看着对方点钞无误后，在接过钱币后自己也应该再次清点一遍以防万一，不给作案人留下作案的机会。

买西红柿了？"老张一边说着，一边掏出警官证给张大妈看了看。

"咋啦？我买西红柿还能犯法？"张大妈被眼前的这一幕吓蒙了，还有点没反应过来，还以为自己是因为买西红柿被民警误会了，急忙摊开手推车里的兜子让老张看看。"警察同志，您看，确实都是西红柿啊。"

"大妈，您别着急，您听我说。"老张一看大妈紧张的样子，赶紧摆手，"刚刚跟您换钱那小贩是个骗子，您看看您兜里的钱，都被他给抽张儿了。"

张大妈一愣，赶紧伸手摸出裤子兜里刚刚换回的一摞零钱，仔细一数还真有问题，就剩下20多块钱了。

"我明明自己数了一遍，还看他给数了一遍的，怎么就会少了呢？"张大妈把手上的零钱递到老张面前，满脸疑惑地看着老张。

"大妈，您先别着急，刚刚骗您钱的那小子，我们已经给抓了。"老张拉住张大妈的手，轻轻拍了拍，希望能缓解老人紧张的情绪，"您跟我一块儿过去，咱找他把事情说清楚吧。"

"哎！好，小伙子，我这就跟你过去！"大妈跟在老张的身旁，两人向小贩被控制的路边走去。

CHOUZHANGER "抽张儿"

>> 现疑情 老张早就盯上他

"警察同志，您是怎么知道他是个骗子的呀？"张大妈一边跟着老张，一边提出了自己的疑惑，"我刚上当还没走多远，您怎么就把他给抓住了呢？"

张惠领一听，乐了，马上和张大妈说起了事情的原委。原来，这个"切"钱盗窃的小贩早就被老张盯上了。

就在当天一大早，老张在双榆树早市周边巡逻时，发现一骑车沿街卖西红柿的小贩十分可疑。这个小贩只是搭讪年龄大的路人，看到年轻人他都不搭理，即使有年轻上来问价，他也摆手说自己不卖了。

小贩的自行车非常新，后车架上拴着大大的藤筐，如果装满西红柿，普通自行车根本承受不了。更何况他还要骑着自行车来卖呢？

老张就带着探组成员，一路跟踪这个小贩，从四通桥一直跟到了增光路。张大妈买西红柿后，小贩在把自己又数了一遍的零钱给大妈时，突然抽回的右手中，就顺手把一大部分钱给"切"回来了。看到这一幕，老张认定这个男子就是假借贱卖西红柿吸引事主，以换零钱为借口趁机"切"钱的盗窃嫌疑人。

■ 此类案件的作案人，由于根本就不是想通过商品买卖来获得合法的收益，他们摆出的商品也只是作为自己作案时候的一个幌子。所以，只要心思缜密，事主在案发之前是能够看出类似的端倪的。如果您遇到类似的情况，切勿再和商贩交流，应迅速离开不给其可乘之机。这类嫌疑人都有一些共性，他们作案用的自行车都很新，随身不会带大量蔬菜，会主动提出换整钱的要求，如果老年朋友在路上遇到有这类特征的人，一定要提高警惕。

>> 亨特张 说防范

　　在双榆树派出所，小贩袁某承认了自己盗窃的事实。他告诉民警，自己趁着数钱时，把其中一部分钞票对折夹在右手指头缝里，在给大妈钱的一瞬间，猛地一抽把钱又给装回了自己兜里。最终，袁某被海淀警方依法行政拘留。

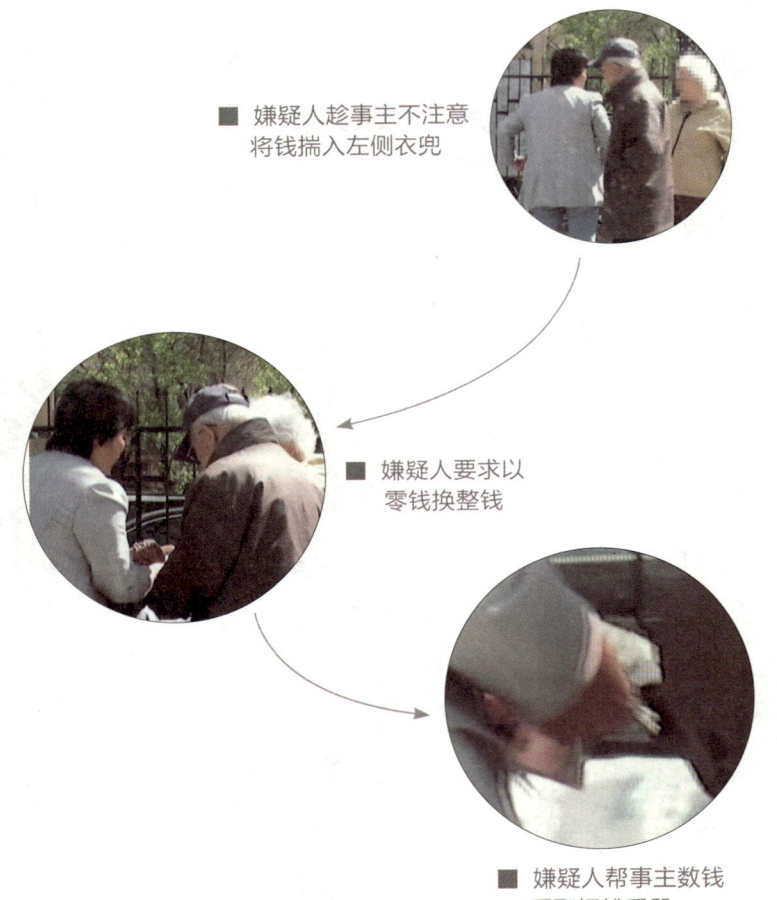

■ 嫌疑人趁事主不注意将钱揣入左侧衣兜

■ 嫌疑人要求以零钱换整钱

■ 嫌疑人帮事主数钱采取切钱手段

CHOUZHANGER "抽张儿"

老俩口逛街 遭遇"切"钱人

先以贱卖西红柿为名吸引老年人注意，又以零钱换整钱为名向老人换钱，接着"好心"帮事主数钱，趁事主不注意将钱"切走"，265元零钱瞬间变45元，张惠领全程记录嫌疑人作案过程并当街擒贼。

2011年4月20日上午11点钟，和往常一样，张大爷和老伴从外面遛弯回来，刚走到小区大门口，一名推着自行车斜带竹筐卖西红柿的女子过来搭讪。

"大爷，买点西红柿吧，刚从早市上下来的，便宜了，就2块5一斤。"

"给我称2斤吧，要好的，不要坏的。"

"好，整2斤，一共5块钱。大爷，你这儿有整钱吗？我卖了一早晨了，都是零钱，想换点整钱。"说着，这名女子便从衣兜里掏出一大把面额为10元或1元的零钱。

"我这儿有200，还有一张50和20的，一共270。"张大爷说道。

"那这样吧，西红柿5块，你给我270，我找你265，对吧。"该女子说道。接着，她便数了265元的零钱递给了张大爷。

■ 作案人一般都会主动提出换钱的要求，所以事主在遇到这类情况时，应当格外留神，不要因为自己的热心而上当受骗。如果确实觉得商贩卖菜不容易，也可以告诉他们附近最近的银行营业网点的位置，目前，大部分银行都提供零钞兑换的服务，让他们前往银行进行兑换。也可以坦诚地告诉他们，自己上了岁数，数钱容易数错，也担心遇到"切"钱的人，希望他们能够理解。如果对方不是想"切"钱的小贩，一般也都会理解您的难处。如果对方确实就是想"切"钱的作案人，听到您这么一说，知道您已经有了防范意识，肯定也不敢继续作案了。

> 作案人在"切"钱后，还刻意"好心"地拿出一个塑料袋帮老人把零钱包好，这样欲盖弥彰的举措其实就是作案人为了防止事主在接过钱后再次点验，用塑料袋包裹后，一般防范意识不高的事主肯定就会以为刚刚对方已经清点好钱款而且装在了袋子里，就不会再次点验了。所以，事主如果遇到此类情况，一定要格外留神。

"大爷，你再数数。"张大爷接过钱就一张一张地慢慢数了起来，正好是265元一分不少。

"你看着，我再来帮你数一遍……正好265，再给你拿个塑料袋，把钱包好了。"张大爷眼看着她数也没多想，接过钱就直接揣进了衣兜，而此时，这名女子也将在数钱时趁张大爷不注意"切"下来的钱迅速揣进了衣兜。

这一切全被在一旁进行便衣设伏的张惠领看在眼里，并用摄像机记录下了这名女子作案的全过程。就在这名女子准备离开时，老张果断出击，将其当街擒获。随后，该女子被带回派出所进行审查。

在派出所里，女子张某对其盗窃违法事实供认不讳。据其交代，当天早上，她在作案小区门口先是以贱卖西红柿为名吸引老年人注意，待事主买完西红柿后，便以自己零钱太多想换点整钱为由，跟事主以零钱换整钱。在这过程中，由于老年人数零钱比较慢，她便称"好心"来帮老人数数，然后趁事主不注意将钱"切"走。当日上午，她将找还给张大爷的265块钱就"切"走了220，张大爷拿到手的只剩下了45块钱。

商店、快餐店在应对抽张儿时，一定要安装监控探头，如果遇到对方声称并未找钱的情形，再加上其同伙在一旁起哄时，先冷静下来调阅监控录像确认后，再和对方进行沟通。

神探提示
SHENTANTISHI

>> 应对"抽张儿"

　　尤其是广大老年朋友,买菜一定要到市场、超市或社区固定售菜点。在市场边、小区边遇到的推自行车贱卖蔬菜水果的摊贩一定要提高警惕,缺斤短两是小事,谨防以零钱换整钱趁机"切"钱。这类嫌疑人都有一些共性,他们作案用的自行车都很新,随身不会带大量蔬菜,会主动提出换整钱的要求,如果老年朋友在路上遇到有这类特征的人,一定要提高警惕。

>> 防范假币

　　◎ **要注意树立防假意识。** 在日常生活中,特别是在小摊小贩、农贸市场、流动摊贩等场合进行现金交易时,提高警惕性,对收到的货币要仔细对比查看,防止误收。大额交易时,尽量选择通过银行卡、转账支付等非现金方式,减少误收机会。

　　◎ **要掌握识假技巧。** 了解掌握人民币的主要防伪措施和特征,掌握必要的识别技巧。如冠字号码的唯一性、光变油墨的变色原理、盲文和凹凸感、阴阳互补对印等。

◎ **要提高反假觉悟。**一旦误收了假币，要及时上缴银行或公安机关，切忌为转嫁损失而再次投入使用；发现假币违法犯罪线索的，及时报警，牢记"实施假币犯罪遭罚，举报假币犯罪有奖"。

>> 对咱普通老百姓来讲，防范假币要特别注意以下四种情形：

◎ **"调包"使用。**不法分子在购买某些商品时，让人看的是真币，接着以各种理由不买，将真币要回，后来又要买，将调了包的假币递给售货员，有的时候，还会有同伙故意前来买东西或催促，以转移售货员的视线和注意力。

◎ **"混淆"使用。**这种情况最为常见。就是在借款、还款或购买货物时，在钱款中夹带假币，特别是数额巨大时更容易出现。

◎ **"昏暗"使用。**一些光线昏暗的场所极可能成为不法分子使用假币的首选场所，特别是一些使用路灯照明的路边摊点、小吃店；还有一些不法分子专门在晚上乘出租车，然后到昏暗地方下车，以百元整钞换零的方法使用假币。

◎ **"找弱"使用。**很多不法分子专门到农贸市场、偏僻的小商店、小卖部寻找辨别假币能力差的老人、妇女、小孩等，使用假币购物后迅速离开。

■ 张震领将被盗物品发还事主

神探说防范 门店、单位盗窃

在市场经济的不断完善中，个体经营模式已经越来越多地被人们所熟悉。

门店在经营中，由于一般店铺在经营时员工较少，容易给不法分子可乘之机。

从时间上来说，门店盗窃易发的时段往往并不是一般认为顾客较多，员工繁忙的时候。因为此时店内顾客较多，店铺经营者防范意识较高，再加上众多顾客在一旁，不方便作案人下手。更多的门店盗窃案件往往发生在早上刚刚营业不久后或午后的两三点钟。

此时，营业员一般注意力还不是特别集中，店内的顾客不多方便下手。

门店盗窃案件的易发地点多为临街的铺面，一般的案发地点都是小商品店、服装店、烟酒店等地方。

>> 作案手段

团体配合作案，一般都是几人配合，两到三人同时负责挑选商品分散经营者注意力，再伺机下手。还有的会出现在门口望风、负责得手后迅速转移赃物的配合作案人。

一般作案人的对象都是趁员工不注意时偷盗营业者的手包、手机、商品等贵重物品，以及趁其不备之时迅速盗窃收银台里的营业款。

>> 防范提示

门店员工应该做好以下几点工作：

◎ 员工上班时要保持注意力集中，不要随意离开收银台。商店内不留存大额现金。即便有保险柜的门店，也不能认为只要放在保险柜就是安全的。对商店当日的营业额当日存银行，不能及时存的应该带回家，防止万一被盗时直接损失现金。

◎ 定期做好门窗等的牢固安全检查。

◎ 店里重要的几个地方要格外看好，如仓库门、收银台、放贵重商品的货架。

◎ 装防盗报警器。对于一些有经济条件的商店、烟酒店，可以建议在商店内装防盗报警器，可以有效防止商店被盗，避免财产损失。给门窗加装防护栏，增强防盗性能，不要给顺手牵羊者留下任

MENDIAN DANWEI DAOQIE 门店、单位盗窃

何机会。

养成良好的售货习惯

◎ 顾客进店主动打招呼——对顾客是礼貌、尊重，对小偷则是提醒，我们在注意你。

◎ 主动接近顾客——拉近与顾客的距离，更好地为顾客服务，与小偷零距离接触，让其没有下手的机会。

◎ 热情接待顾客，耐心、细致——让顾客开心购物，提高成交率，让小偷无从下手。

◎ 不要在上班期间干私活——冷落顾客，给小偷有作案机会。

◎ 有事离开一定要喊同事帮忙照看——不能让柜台空荡无人。

◎ 顾客多时，要做到接一、答二、照顾三。

■ 用手拧开的门把手

>> 亨特张 说防范

"亨特张"抓捕现场讲防范

8月的一天中午，张惠领在双榆树地区便衣巡逻时，发现有6名女子形迹可疑，频繁出入各种服装门店，神色慌张，鬼鬼祟祟。在不远处还有另外两名女子张望，而且时不时地与那6名女子聚集在一起，进行交谈。见此情况后，张惠领判断这是一个8人盗窃团伙，于是立即布置探组队员对她们进行跟踪观察。

中午1点，跟踪已久的便衣探组终于迎来了最佳抓捕时机。便衣探组跟踪至双榆树某大街时发现6名女子进入一家服装店，出来时身穿的衣服显得鼓鼓囊囊。张惠领当机立断决定实施抓捕，于是便衣探组迅速出击在一个胡同内将正在把盗窃来的衣服集中装包的6名犯罪嫌疑人当场抓获，在离这个胡同不远的地方，将另外两名犯罪嫌疑人抓获。当场起获刚刚盗窃的衣服30余件。

张惠领带领便衣探组将8名嫌疑人成功抓捕后，围观群众给予了热烈掌声。随后，张惠领拿着被盗衣服纷纷到周边门店询问，找到了被盗衣服的事主。事主们都觉得很奇怪，不知什么时候自己家的衣服就被偷走了。

门店、单位盗窃

窃贼满地捡钱 民警张网以待

俩蟊贼沿街四处乱窜，路边的门店、汽车、饭馆似乎都成了他们眼中的目标，民警跟踪了近10公里，就在窃贼得手民警准备抓捕时，在街头出现了戏剧性的一幕……

2010年10月26日上午10点多，老张和便衣探组的成员在北三环四通桥旁的华星影院巡逻时，发现一胖一瘦两名男子形迹可疑，他们一前一后，有时窜进门店，有时围着路边的汽车转，有时又钻进饭馆。由于这两人进进出出"忙碌"的身影，让老张觉得十分可疑。

于是，老张立即开始对这两人进行跟踪。在老张跟踪的过程中，他们在一家饭馆门口停了下来。似乎是瞅准了作案目标，两人一前一后开始跟着一个刚刚吃完午饭从餐馆出来的男士。这名男士背着一个背包，背包显得鼓鼓的，似乎是放了很多东西。男士身后的男子给另外一人使了个眼色，又指了指男士的背包，示意男子准备下手。

可就在这时，背包男士似乎是透过餐馆玻璃，看见了两人的动作。于是男士立即将包从背后取下，抱在怀里向地铁站走去，每走几步路还不时地回头看看这两人。意识到自己的形迹败露，两人灰头土脸地转身离开。就这样，这两人先后三次打算下手盗窃，但总是有些"学艺不精"，要么是被事主发现，要么是刚准备下手事主就已经走进了路旁的商店里。

这时,老张的肚子已经饿得咕咕直叫。他拿起手机一看,发现这俩笨贼竟然耗了2个多小时都没得手。现在已经是中午1点多了,两人显得有些沮丧,开始向公交车站走去。

难道他俩打算收手了?老张有些疑惑,根据工作经验判断,老张觉得这两人肯定不会"善罢甘休",晃悠了一上午一无所获,连午饭都没吃上,老张估计他们有可能是打算换个地方继续作案。

于是,老张和探组成员也顾不上吃午饭,跟着这二人来到了花园路东口。只见"胖子"进了一家制作牌匾的小商店,而"瘦子"站在门口不时地向四周张望,胖子进去不到2分钟就慌慌张张地走了出来,两个人一对眼神迅速向东走去。

老张判断,窃贼肯定得手了,随即他示意大家准备组织抓捕。就在二人刚走到马路中央时,从胖子的上衣口袋里突然掉出了一摞钱,这些钱撒得马路上到处都是,大都是一块、五毛的零钱。两人不顾过往车辆的危险,竟然趴在地上捡起了钱,由于刮风的原因有的钱被吹到了一边,但两人一张钱都没落下,统统都捡起来又揣进了口袋。此时的十字路口来回过往的车辆比较多,如果开展抓捕易发生危险,于是民警就在两人竞相捡钱的时候,已将四个路口全部控制。

捡完钱后两人继续向东穿过马路,瘦子站在路边准备打车,胖子却跑到一棵树下清理起口袋里的钱。眼见抓捕时机已到,老张立即部署民警迅速出击将两人抓住。民警没费吹灰之力就将瘦子制伏,但是胖子却跟民警耍起赖,他两只手死死地抱住身边的大树,就是不肯松手。好几个民警一起使劲,才把他从树上给拽了下来,最终

门店、单位盗窃

被气喘吁吁的民警戴上了手铐。民警从两人身上当场起获刚刚盗窃来的 1600 多元现金，一把匕首和一把大号改锥。

经过审查，两人一个姓白、一个姓刘，均有前科，是监狱服刑时认识的。两人交代，他们前两天才来到北京，准备在京"捞一把"，作案时两人相互配合，一个放哨，一个实施盗窃。当天，刘某窜进花园路东口制作牌匾的小商店，乘店中的店员忙于工作，将抽屉中 1677 元营业款偷走。

结果，就在逃跑过程中，由于精神高度紧张，刘某不小心将钱撒落到了地上，而这些钱全是那家小店近几天的营业款，有上百张一块、五毛的零钱。随后老张把被盗现金发还给了事主，看到失而复得的营业款，事主高兴地握住了老张的手。

>> 亨特张 说防范

偷观赏鱼解气 犯盗窃罪被拘

"上好的锦鲤幼苗,过来看看啊。"从老远的地方就传来了叫卖声,走近之后,扑鼻而来一股鱼腥味。黄岗早已习惯了这样的地方,毕竟自己就是卖鱼的,又怎么会嫌弃鱼腥呢?要知道,这可是自己的命根呀。

河海花鸟市场,一个充满着自然气息和生活情趣的地方,因为有无数有着美丽外形的小生命的存在而变得活泼异常,这样的一份工作的确能让很多人羡慕不已,跟动物打交道毕竟要简单得多,大家只需要考虑维持生命的基本需求即可,不用担心动物们跟自己过不去,或者吵架拌嘴什么的。黄岗的性格就像温和的金鱼,每天游来游去,在家和市场里来回转换。说实在的,他喜欢这里。这里的人性子都慢极了,生活节奏也是如此。这同一般的生意场多少有些不一样。

"嘿,张大爷,您这尾龙鱼可真漂亮,什么时候进的货呀?"这天早上,黄岗照例来到市场,转了几道弯,来到自家的店铺门口,此时,才刚刚开市,门外的人不是很多,稀稀落落地有几位店家在整理着自己的东西。

还没走到店门口,黄岗的眼睛就瞪圆了,"门怎么是开着的?钥匙只有自己才有呀。" 充满疑惑的他紧走几步,进入门内,虽然早已感知到可能出了一些状况,但是眼前一片狼藉的场面还是让他

门店、单位盗窃

吓了一跳,地上满是水,鱼缸里几条名贵鱼漂浮在水面上,显然已经没有了气息,另一个鱼缸里的情况更糟糕,十余条金龙鱼和红龙鱼已经没了踪影。"这下可怎么好,几十万就这么没了?"面对店里的场景,黄岗迅速报警,没多会儿,警察来到了现场。民警吴迪在查看了现场后发现,店门外的卷闸门被推到了最顶端,而内部的玻璃门则被外力撬开,现场情况表明,这是有人入室盗窃。

黄岗绝望地坐在一角,他百思不得其解,为什么市场里有这么多店铺,偏偏是自己家的鱼被偷被毁。他用手捂住脸,不敢直视眼前的场景。回想自己平日里一向低调,没与人结什么怨,为什么不幸的是自己,要知道,损失的鱼可是价值70万呀,这是自己多少年的积蓄呀,就这样平白无故地消失了。

"呦,这是怎么了?""昨天不是还好好的吗,今天怎么就这样了?"周围店铺的老板纷纷围了过来,鱼店外面里三层外三层,卖鱼的和买鱼的,大家看着屋里的场面和警察的身影,不时议论纷纷。

吴警官随后调出了市场的监控录像,经查看,案发前一天的晚上7点,在市场已经关门的情况下,有两名男子进入了市场内,随后搬出了两个白色箱子。

"这是丢失的鱼吗?为什么已经到了关门时间,还有人在里面忙活呢?"带着疑问,吴迪找到了当晚市场值班的李大爷,李大爷回忆说:"那天晚上本来已经要锁门了,可是有两个人说要往里面运东西,我看其中一个人很面熟,应该是市场里的人,就把他们放了进去。""鱼肯定是这个时候就被偷了!"黄岗急了,喊出声来。

随后警方集中开展摸排,对全市的花鸟鱼市场进行了调查,考虑到盗贼偷走名贵鱼肯定是要转手,因此,重点对在售的鱼进行了调查，为了更加有效地开展工作，还对网上鱼店进行了仔细排查。"黄色金龙鱼两只，红色金龙鱼两只……"经过黄岗认真比对，一家网站上在售的鱼跟自己的鱼相似度极高。获得这个情况后，民警还发现，这家网店在平安街还有一家实体店，于是，第二天，民警便来到这家店，还没走进店内，吴迪警官就在店门旁的垃圾桶里看见了一堆死鱼，种种特征与网店里出售的鱼完全一样，进店之后，店内在售的另外两条鱼与黄岗丢失的鱼也基本一致。

"这些鱼是哪里来的呢？"面对警察的询问，店主直接答道："我从别人店里拿的。"

吴警官多少感到有些意外，他停顿了些许，眼前这位穿着时尚，长相清秀的男子是如此坦然，吴警官收起了质疑的态度，平视观望着男子，继续倾听他的述说。

"我就是看不惯他那种目中无人的小人姿态。就该给他教训，让他长长记性，知道以后怎么做人。"男子面露凶相继续补充说，"我记得他跟我吵架时飞扬跋扈的样子，我就是要报复他。"

原来矛盾只因当初抢生意时的一次小小的争吵，本来是一桩小事，却在他的肚子里发酵，酿成了恶果。那天晚上，喝完酒后，肚子里的怨气越发浓厚，终于，在

■ 民警发现犯罪嫌疑人

门店、单位盗窃

酒劲儿的纵容下,他和朋友来到了黄岗店铺所在的市场,由于之前也在这里经营过,他很顺利地找到了黄岗的店铺,之后便开始偷窃。可惜在路上,由于没有保护好,两箱鱼只剩下四条活着,也就是网店上的那四只,其余的便只有尸体了。

得知自己的鱼因自己而死,黄岗一时难以理解,为什么因为这样的小事就干出这样的事情,为什么不能当面讲呢?

人的世界是鱼所不懂的,在人际矛盾害死鱼的时候,有哪条鱼会安心地活着呢?商场如战场,动辄尔虞我诈,动辄阴谋相加,没准儿还有点恩恩怨怨,儿女情长,只等着找机会把气撒。

事后,黄岗向吴警官表达了谢意,鱼虽然没了,但是这个过程让他看到警察办案的用心、认真。鱼的损失给自己上了一课,不仅仅是做生意上,还有做人上。

随后,黄岗深深地叹了一口气,这就像做了一场梦一样,原本简单的生活被彻底打乱了,一切开始变得复杂,这是他不愿意过的生活。

据说鱼的记忆只有几秒钟,如果人的记忆也只有几秒钟,是不是就不会有这么多仇恨了呢?黄岗在心里暗暗地想着,但始终没有答案。

>> 亨特张 说防范

推销电池做幌子 盗窃门店被抓获

2008年11月4日下午4时许,双榆树派出所巡逻车组巡逻至双榆树一路边商店时,遇到一名女事主拦车报案。据女事主称:"刚才有一名推销假'南孚'电池的男子在自己的商店里趁自己不备偷走了一部手机,被自己发现后,男子伙同门口等候的另外一名男子骑电动车逃跑了。"巡逻民警立刻带领女事主向嫌疑人逃跑的方向追去。两分钟后,男子被车组追上并抓获,但那名盗取事主手机的男子却不见了踪影。

在派出所里,民警经过对这名刘姓男子进行讯问得知,那名偷手机逃跑的男子是自己的"担儿挑",姓陈,两人的妻子是亲姐妹。据刘某称,今天是陈某拉着自己陪他来推销电池的,并不知道陈某偷了人家女店员的手机。随后,经过民警耐心工作,刘某交代自己和陈某共同租住在蓟门里小区的地下室。

对陈某的抓捕工作落在了双榆树派出所便衣民警张惠领身上。傍晚6点多,张惠领带领自己的便衣探组找到了陈某的租住处,但陈某住处大门紧锁,空无一人。通过走访,以及对陈某、刘某租住情况进行了解,民警得知陈某的妻子在民警到来之前还曾经在出租房出现过。经过出租房管理人员的配合,民警取得了陈某妻子穆某的图像。

根据当前情况分析,张惠领判断陈某的妻子应该不会走远,于

MENDIAN DANWEI DAOQIE 门店、单位盗窃

是张惠领立刻带领便衣探员在小区附近进行搜索。临近晚上7点，在小区不远处的一处健身广场，便衣民警发现女子独自坐在健身器旁似乎在等什么人，经过暗中观察这名女子正是陈某的妻子穆某。只见穆某一边不时地张望，一边不断地把弄手中的手机似乎在发短信，见此情况，便衣民警不动声色地悄然埋伏在四周。过不多时，一名男子在民警的监视下径直向那名女子走去。走近女子后，两人几句简单的交谈，那名男子连续从兜里掏出了几部手机交给了女子。此时，已经认定来人正是犯罪嫌疑人陈某的便衣民警立刻现身，迅速将陈某夫妇控制了起来。

在陈某夫妇的身上和家中便衣民警一共找到了7部手机，除夫妇两人使用的手机及当日盗窃的一部手机外，其余的手机陈某无法说清来源。

在众多证据及证人的指认下，陈某如实供述了自己利用在路边小商店以推销假冒电池为幌子，探明店内情况后，趁售货员分散精力的时候下手盗取财物的犯罪事实。

■ 张惠领带探组在晚高峰车站附近出探

>> 亨特张 说防范

神探慧眼识贼 偷衣团伙落网

身背背包，肩披毛毯，频繁进出街边门店，看似购物，实为盗窃。张惠领一举抓获7名盗窃街边门店的嫌疑人。

10月的一天中午1点多，正在北三环联想桥附近巡逻的双榆树派出所便衣民警张惠领，忽然发现了两名形迹可疑的女子，正站在公交车站附近的马路边上，往一个大帆布袋中装一些未拆封的服装制品。而且两人神色慌张，时不时地抬起头观察四周的情况。

凭借着自己多年的经验，张惠领觉得这两个人绝对有问题，张惠领便带着几名便衣队员，悄悄地对这两个人进行观察。

果不其然，没过多久就见5名身披披风的女子出现在便衣探组的视线范围中，她们麻利地走到正在装衣服的女子身边，从衣服里面掏出数件未开封的服装。

见此情况后，张惠领立刻判断出，这是一个盗窃团伙，于是立刻布置探组队员对其进行跟踪观察。张惠领带着辅警一路跟踪，有时候冒充食客，站在饭馆门口和老板聊天，有时候蹲在路边水果摊前，假装挑选水果……双榆树这一片，几乎人人都认识张惠领，每个人都配合着他"演戏"，只有8名嫌疑人丝毫没有察觉。

收拾完赃物的7名嫌疑人，并没有继续作案，而是登上了一辆公交车向东离去。张惠领坚信嫌疑人并未放弃，而是要换个地方继续盗窃，便带领着探组队员紧跟着这7名嫌疑人。

门店、单位盗窃

很快 5 名披着披风的嫌疑人就在北太平庄附近下车,开始寻找作案目标,而另两位嫌疑人则晚下一站,在车站等着收赃。张惠领知道嫌疑人要动手了,果断派出两位探组队员看住在公交车站等待收赃的嫌疑人。自己则拿出小 DV 开始取证。

5 名盗窃嫌疑人轻车熟路地出入着街边的门店,她们并不知道自己的犯罪事实都已被张惠领记录在案。就在这一伙人又聚到一起,整理刚刚偷到的赃物时,早已埋伏在一旁的便衣探组迅速出击,将 7 名犯罪嫌疑人抓获,并且当场起获大量被盗衣物。

"我是双榆树派出所的民警,盯你们半天了。"老张报出身份。"惨喽,你就是'神探亨特张'?哎,落真人手里了!"一名女子满嘴的外地口音,直叫点儿背,"我还以为是个电影哩,没想到有真人啊……惨喽……"

说着话,几名辅警把她的 6 个同伙也带了过来。

"你们知道这是哪一个?"这名女子指着眼前的老张,告诉同伙,他就是她们刚才路过华星影院,门口海报上贴着的"神探亨特张"。"以为只是电影,没想到有真人!"几个同伙都变得垂头丧气。

经审查,卡某等人对盗窃衣物犯罪事实供认不讳。据嫌疑人卡某交代,她们作案时分工明确,5 人负责进店偷衣物,自己和另外一个人负责把偷来的衣服集中装包。

>> 亨特张 说防范

年轻女子嗜偷成瘾 为寻刺激作案一年

2012年4月的一天，海淀中关村商场里上演了警察在人群中追捕女贼的一幕，由于商场人太多，女贼很快消失在了人群之中。办案民警分成五组，在商场的各个地方进行排查，就像织就了一张大网，在逐渐地过滤商场里的每一个人，以便将目标女贼抓住。人来人往，如织的人群最终被剥离开来，只留下了一个人——22岁的年轻女孩小莉——早已进入警方视线的商场盗贼。

穿过一条悠长的小巷，警方跟随小莉到了她的家中，那是一间狭小的出租屋，面积不到10平方米，从居住条件可以想见这是普通北漂一族的生活，然而，仔细查看，这屋里竟不是一般的拥挤，小小的屋内两侧堆着山一样的衣服、化妆品等，仅仅在两堆物品中间留出一条缝隙，能容得下一个人睡觉。在这样的小屋子里，有一种令人窒息的感觉。从物品标签来看，都是价格不菲的名牌产品，并且通过对已知价格的商品进行清点，发现价值总额竟高达10万余元。如此小屋俨然成了一个名牌商品的小仓库，琳琅满目的高档商品与屋子里脏乱的环境显得极不搭调，一如人们对屋子主人的质疑——这个年轻的女孩居然会干出这样的事？

早在2011年5月，刚刚20出头儿的小莉偶然听朋友讲曾亲眼看到有人在商场偷衣服，而且售货员没有发现。小莉听后感觉十分不可思议，"光天化日之下，能不被发现？"但朋友再三跟她说，

门店、单位盗窃

这是自己亲眼所见，肯定是真的。这着实让小莉感觉好奇和新鲜，渐渐地，在侥幸心理的作祟下，产生了想尝试一下的想法。

一天，她来到一家商场，在转了一会儿后，她选准了一件白色的丝质短裙，不断打量这衣服，同时，不时抬头观察售货员的位置和视线，趁售货员不在意，就将衣服塞进自己胸前，然后转身到别的商品前，看了几个地方后，开始往出口走，最终成功脱身，没有被发现。在此次偷窃成功后，小莉感到有些忐忑不安，她表情凝滞，目光黯淡，神色恍惚之间加快了脚步往家走，回家之后，静静地坐在出租屋里的床上，空旷的屋子里，四面是灰色的墙，正如她的生活一般无趣。恐慌了一会儿后，回忆偷窃经历本身所带来的刺激让小莉不能自已，为了能继续体验这种刺激感，之后的近一年时间里，利用周末时间，她奔走于各大高档商场，利用问价格、试衣服，来伺机进行盗窃，所偷物品更是各式各样。

偷东西屡屡成功，从来没有失手过。这使得小莉日益变得坦然，早先的罪恶感和忐忑不安渐渐消失，她把到商场偷东西当成了自己生活中的一部分。有人说，女人抵挡不了逛商场和购物所带来的乐趣，但这句话放在小莉身上，显然有了另外的含义：是的，逛商铺不一定要买东西，因为可以偷，买东西确实不花钱，因为可以直接溜。

虽然小莉最早是通过偷高档商场练手的，但后来，她对"偷"有了更熟练的把握。从偷衣服到偷化妆品，从偷水果到偷零食，她不断变换着方式寻找能使自己感到刺激的点，在一次次体验中得到满足。

就像行走在两个异样的空间一样，小莉的多面人格在不同时间和地点得到体现。周一到周五，过着简单的打工生活，做着自己该做的事情，到了周末，则开启偷窃模式，到高档商场体验平时接触不到的新东西，然后趁机偷走。这样打工者和偷窃者两种角色的转换是如此规律，高档商品被一件件搬进了自己的家中，就像硕鼠囤积了大批的粮食在自己的窝里。

但小莉偷东西并不是为了去炫耀，事实上，她很少穿这些衣服，大部分时间，它们都静静地躺在小莉的床上，陪着她睡觉，进入她的梦乡。当夜幕深临，天变得极黑的时候，安卧在成堆的商品中的小莉会感到无比满足，小小的屋子里照不进月光，不经意的某一刻，会有寿终正寝的知足，这些商品如同丰厚的陪葬，在漆黑的地下，在另一个世界里实现着自己的价值。

这是小莉的世界。

2012年4月，一家专门经营高档皮衣的商店向警方报案称他们丢了两件衣服，价值2万多元，同一时间报案的另一家店，他们丢了一条价值1000多元的皮带。这引起了警方的关注，负责侦办此案的民警王星随即调出了案发地的监控录像进行查看，通过对比进入两家店的人，对同时进入的可疑人员进行重点关注。王警官在翻查录像的时候，发现有一个女子背着一个较大的单肩麻布包，胳膊上还挎着一个紫色的外套（一般来说，进入商场持背包、宽松衣物的人，有条件在盗窃后遮挡物品，进而将物品顺利带出，这也是一些超市不允许顾客持包进入的原因，尤其是一些大型商场，顾客较多，营业员可能照看不过来，而出口处的防盗装置如果没有专人盯守，也可能蒙混过去，从而使其失去效果）。但当女子从商场内再次出来时，原本干瘪的包变得鼓鼓的，从店内的其他摄像情况来看，女子虽然在店内试穿了多件衣服，但是并没有进行购买。王警官据此推测，这很可能就是失窃的物品，而这名女子很可能就是嫌疑人。派出所随后在商场周边增加了警力进行蹲守，以防类似的案件再次发生，并积极寻找视频中的挎包女子。

小莉并不知道自己已经进入了警方的视线，毕竟，她已经偷了近一年，中间没有出现任何状况，她有理由相信自己不可能会出问题。或许，她根本不会考虑自己是否会出什么状况。

三周后的一个周末，夜幕刚刚降临，华灯初上，城市的夜生活开始了，彩色的霓虹灯不断闪烁，仿佛向人们暗示着这是一个多样的世界，到处充满着诱惑和堕落。

行走在繁华的大街上，小莉一如平常的淡然，她像往常一样跟随人群进入海淀中关村商场，这里是她常来的地方，方位、路径，她都十分熟悉。满脸的平淡刻画出了波澜不惊的内心，小莉信步走进商场，看着周围的商品，不时询问价格，观察衣服材质，然而，此时，她却浑然不知自己已经被远处的一双眼睛盯到了，那是商场的营业员，之前在录像中有看见过小莉。营业员赶忙报警，同时密切关注小莉的动向，跟随其逛商场。

小莉察觉到了有人跟踪，开始加快了脚步在人群中穿梭，巨大的商场、大量的人群将小莉很好地掩藏了起来，小莉趁乱消失在了商场中，但此时的她不再平静，她顾不上想太多问题，本能的反应告诉她，不能被抓住，赶紧离开。

但是，最终没能逃脱，她被带到了派出所。

"这些东西是哪里来的？"面对警官的询问，小莉坦白东西是自己偷来的。

"我控制不了自己，偷东西可以给我刺激感，我喜欢这种感觉。"小莉很无奈，但又似乎理所当然。回想起当初朋友的介绍，她有说不出的滋味，但错该怪谁呢？是自己一个人干的。可是如果没有朋友的介绍，自己也不会有这样的想法。她想不通，大脑好像失控了

>> 亨特张 说防范

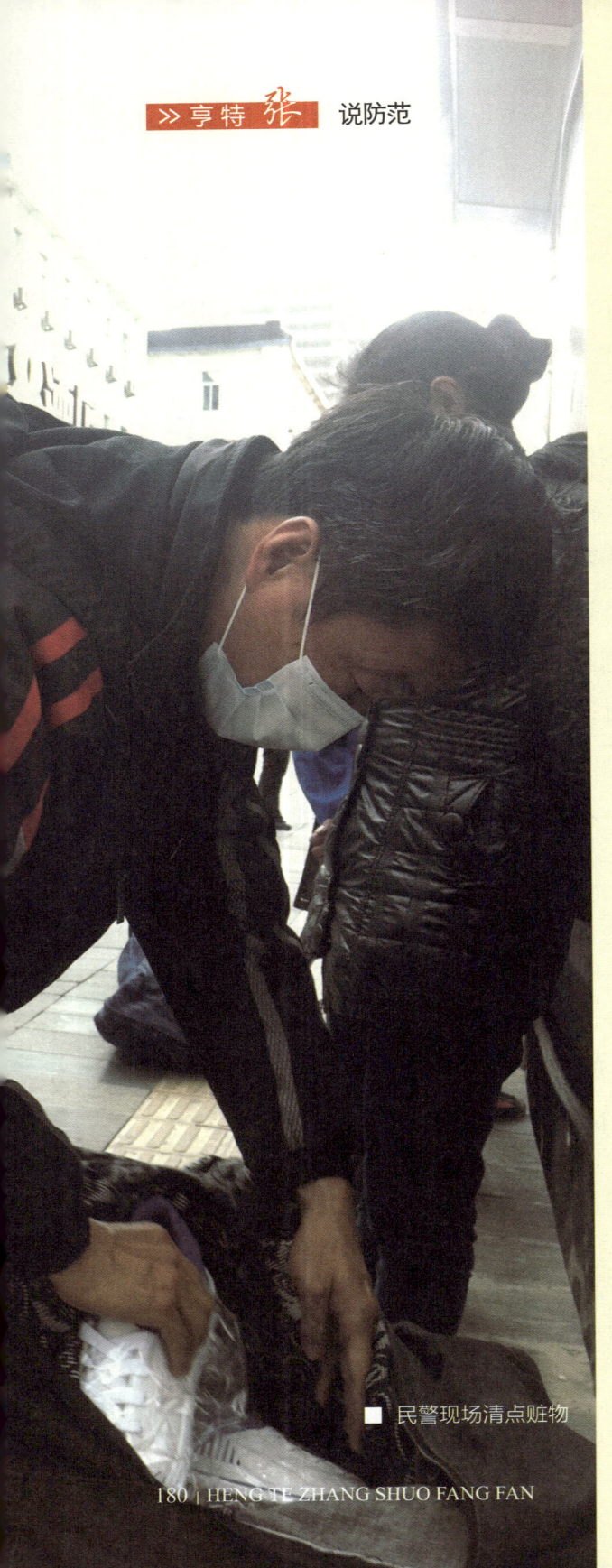

■ 民警现场清点赃物

似的思考着很多事情,思考自己为什么会走到这一步,但始终也想不明白。

人性都是有缺点的,一些人能够不断地弥补自己的缺点,完善自己,能够将外界的约束转化为内在自省,进而成为自觉,但有些人,却在放纵中将缺点扩大,挖出一个巨大的坑,最终将自己埋葬。但愿被埋葬的人生能够给人冷静下来反思的时间,转身爬起,可以真正开始清醒地活着。

门店、单位盗窃

假意买建材 实为真盗窃

清明刚过，春天的节奏渐渐开始响起。人们逐渐脱去了厚厚的棉衣，走到了户外。前海路的建材市场也逐渐摆脱了过年所带来的冷清，人气开始回升。胜利建材批发行的老板金瑞是个勤奋的女人，虽说是年前刚开始走出厨房，走向门店，要做新时代女性，可是毕竟没怎么做过经营，很多东西都要慢慢学。尤其是推销商品，怎么介绍，怎么讨价还价，确实是一门技术活儿。

但是她足够用心，每个顾客都细心对待，希望能使营业额尽快有所突破，以便向丈夫证明自己在家庭里的地位。

由于一段时间以来，店里的人还不是很多，她就没有雇用工人，而是叫了侄女娟子来帮忙。娟子曾在一些商场干过促销，有一定的销售经验。

4月7日一大早，刚开市，店里来了一位顾客。这男子大约有40岁，脸上留着络腮胡子，头发有些卷曲，皮肤有些黑。男子进门后没有干别的，直奔主题要买排风扇，金瑞听后招呼娟子把柜台上的排风扇拿了过来，男子接过排风扇，掏出尺子左边量量，右边量量，然后撇了撇嘴，摇了摇头说道："你们这排风扇也太小了，我想要100多个呢，你们还有没有大点的呢？""100个？"刚开门就有大买卖，金瑞暗自窃喜，连声应道："有！有！有！我们仓库里多着呢，您究竟是要多大的尺寸呢？"

金瑞抬起头微笑地望着男子，继续补充道，"我们这儿东西可齐全了，您要什么大小的我们都有，实在没有，我还可以给您现找，包您满意。"

"这个……我也记不得了，我得看一下，反正这个太小了。我们承包的是一个大型工程，第一批先安100个，以后的话，还有四五批。"男子平静地说，脸上没有什么表情。

金瑞听闻这是大型项目，赶紧要男子跟随到仓库寻找合适尺寸的货。

穿过拥挤的物品，从一条小道里，金瑞通向了自家的仓库，"您看，这是我们全部的货……物。"金瑞还没说完，就呆了，自己身后的男子没影了，"刚才不是还跟得好好的吗，怎么现在不在了呢？"

通过狭长的仓库通道往回看，空荡荡地只留下一片寂静。

金瑞感觉不对劲儿，赶紧往回走。此时，娟子在大厅的一角，忙着招呼另一个客人，但顾客好像并不满意，看了两眼，随即便走开了。金瑞问道："刚才买排风扇的那个男的，你看见了吗？""没有呀，你刚一进去，这边就来了一个男的，要买瓷砖。门口还有一个老头儿，我还没来得及问他要什么呢，就转身走了。"

"哎呀，不好，赶快看看少没少东西，这事儿有些蹊跷。"金瑞越想越不对劲儿，说要买东西，怎么突然不打招呼就跑了呢。

娟子大叫："笔记本没有了！"金瑞赶忙报警。

得知电脑丢失的金瑞懊悔不已，怎么可以这么大意呢？本以为遇到了"财神爷"，没想到是敛财的"财神"。

民警赵虎来到店里进行侦查，初步了解情况后，他推测三人很可能是一伙儿的，在组团进行盗窃。他赶紧调出了案发时路边的监控：9点12分，三个男子依次从店里出来，并在路边碰头，三人有

■ 张惠领将被盗物品发还事主

说有笑,消失在了摄像头外。

金瑞得知自己中了男子的调虎离山之计,真是气急了,不免对自己的能力产生了怀疑,一想自己初来经营就把电脑丢了,实在是晦气,这让自己怎么在老公面前抬得起头呀,她在地上踱来踱去,仿佛若有所思。

另一头儿,赵虎拿着三人的视频截图,在建材市场四周展开了摸排,通过让周围的商贩路人辨认截图上三人的头像,希望能从群众那里得到一些对案件有用的信息。然而,功夫不负有心人,有位60多岁的老大爷反映,这三个人来过自己的店里,等他们离开后,自己的手机、笔记本电脑等物品也不翼而飞了。说完,他满是怨气,"这伙儿强盗,光天化日之下,敢干出这样的事情。"

通过走访,赵虎发现,这是一伙儿多次作案、罪行累累的盗贼,遂将多案合并,进行更仔细的摸排,寻找三人的住所。

通过不同群众反馈的信息显示,三人在草帽街出现的频率最高,多个群众反映称他们经常看见这三个人，赵虎据此推测，草帽街可能就是他们的住处所在。赵虎立即安排警力在此蹲守，最终锁定了三人的三个住所。

　　这天晚上，天刚刚暗下来，三人一道从外面回来，边走边说笑，行进到草帽街岔路口。街上的灯光不是很亮，隐隐约约地只能看见三人歪歪斜斜的影子，在街的一侧映了出来。在这个路口，三人中年龄偏老的最先离开，扭身到了巷子里，他似乎喝醉了酒，走路跟跟跄跄，差点没撞墙上。两个民警迅速跟了上去，尾随其往巷子里走。其余民警则继续跟随另外两个男子到各自的家中。等到三人都已进入家中，总指挥一声令下，抓捕行动开始，三人均被逮捕。

　　经过审讯，原来这是一伙儿只以建材市场为目标进行入室盗窃的团伙儿，他们三人进行合作，第一个人以买东西，看货物为借口，先将店铺老板支开，然后第二个人也进来看东西，分散老板的注意力，第三个人则伺机进行盗窃，趁老板不注意，将店内放置的手机、电脑等物品拿走。在短短的一个月内，他们已经作案数十起，盗窃商品价值近10万元。

　　三人被抓了起来，案子算有了一个了结了，可是金瑞还没有从事情的阴影中走出来。自己满腔热情做生意，却没有看到有什么起色，还遇到了贼人盗窃，险些找不回来。问题出在了哪里呢？唉，真真假假，搞得世界变得这么复杂。

餐厅厨师"爱上"美容院

八月的北京是灿烂的,城市的霓虹灯在不停地闪烁。夏夜很长,临近半夜还有行人在马路边行走。丁某也行走在北京的夜里,这夜是如此美好,美到可以安卧而眠,美到可以梦忆无限。

他拖着沉重的步子,偶尔抬头看天,偶尔望望路上的汽车。有时候,他还会注意一下路边的霓虹,在彩色的灯光里,有这个城市所有的繁华,等繁华逝去,城市跟农村也就没了什么区别。

每天下班后,他都会这样往家走,虽然每天酒店下班已经到很晚了,但是他并不急着回家,他要等待,等待霓虹渲染出最美的夜景,等待路上的行人都渐渐没了踪迹,当然,他还要等待屋里的人们都静静地睡去,睡到最合适的状态。

他不是诗人,他只是丁某,一个酒店的厨师。

丁某今年24岁,在现在的这家酒店已经工作两年了,平日里,在酒店做饭,一直要工作到很晚,虽然,辛苦劳累了一天,但是他并不像其他人一样会马上去睡,而是要去美容院里走一趟。

这天晚上,夜一如平常般美好,他从酒店出来后,沿着门前的路一直往前走,因为最近路口新开了一家美容院,看样子规模还不小,金色的牌匾透露出高贵和典雅,在灯光的映衬下迸发出迷人的光影。他来到店门前,没有仔细瞧,而是直接走到了窗户口,他四下望了望,周围一个人也没有。在这样美好的夜晚,一般的人照例应该已经进入了梦乡。

他拿出工具，开始撬美容院的窗户，金色的窗户看起来美丽，但却经不起金属的软磨硬泡，不一会儿就缴械投降，门户洞开，丁某弯曲着上身，钻进窗子，从上面跳了下去，进入了屋内。他没有打开灯，透过屋外牌匾上散射进来的点点亮光，他依稀可以看见脚下的路，手边的桌子和椅子。美容院有一股很浓的香味，丁某熟悉这种味道，他确定自己没来错地方。

大概环顾了四周，他便来到前台接待处，翻起了柜子，一层、两层，终于在第三层里，他找到了两千块钱，崭新的一沓钱，他继续在别的柜子里搜寻着，希望找到更大的宝藏，不过最终没有什么收获。尽管如此，他还是十分高兴，至少今天没有空手而归，美容院果然没有辜负他的爱。

丁某已经数不清这是他第几次上美容院了，虽然都是晚上来，但是美容院的内部什么构造，大体有什么摆置，他都十分清楚，他确定他爱上了这些地方，一年来，他只在晚上来美容院，别的地方从来不去，在这些地方，他可以找到自己生活的另一种动力。

拿到钱 20 分钟后，他开始往外走。他按照自己来时的方式，反方向往回走。来的时候虽然已经很轻松了，但走的时候似乎更加轻松，他并不担心屋里有人会看见他，因为屋里的人早已经下班回家了，这里暂时只属于他自己，他只需要在跳出窗子的时候看看外面的路边是否有人罢了。而通常情况下，街边的路上都没有人。毕竟，此时已经是凌晨两点了，一般人都已经进入梦乡了。

很多时候，他的表情都极其的平淡。或许这正是黑暗的力量，仿佛能够将他所做的一切事情都隐藏起来，深深地埋进黑暗里，就像一场梦，梦醒了，生活照旧。

门店、单位盗窃

沿着来时的路,他开始往回走,脚步依然很轻盈,心情依然很舒畅。凌晨的北京,夜依然繁华,只是路上的人没有那么多了。丁某不觉得孤独,一年来,他已经习惯一个人走夜路,相比于白天的生活,他似乎更喜欢夜里的生活。更加自由,更加舒服。

他并非每天晚上都来享受这样的夜生活,所有行动都取决于是否有一个自己要去的目标,他爱上美容院,别的地方,他是不会去的。

通常情况下,回家后,他会很快地睡去,毕竟已经累了整整一天了。但有的时候,他也会兴奋得睡不着觉。比如,当他在美容院有了巨大的收获的时候,他会激动得睡不着觉,这种感觉像极了中彩票,不是发工资所能给他的,这个过程充满惊喜,充满未知,就像来到了一个未知的世界。

半个月后的一个白天,他头戴白色帽子,手拿大勺,正在酒店炒菜,浓浓的烟气在锅的上方飘浮,菜的香味弥漫着整个屋子。就在他将要做完一道菜的时候,两名警察站在了他的身后。丁某蓦地回头一望,静静地立在了原地,他没敢再翻动手中的菜,他尽可能地保持不动,一切仿佛静止了下来。

也许他还不知道,民警其实已经苦苦找寻他两个多月了。

就在八月份的一次盗窃后,出事的美容院第二天就报了案,警察在路边的监控系统里,看到了丁某,通过他留在现场的证据等信息,警方得知,丁某应该在餐馆之类的地方上班。围绕着这两条线索,警方一点点地开始进行更加细致的调查,从最初的居住地,到后来的暂住地,丁某的身影渐渐地浮现出来。终于在两个月后的一天,民警轻轻地站在了他的身后。

也许夜晚真的是太迷人了,黑夜的魅力是清晨和黄昏所不能媲美的,它孤傲而优雅,它神秘而充满力量,似乎一切能量将在一瞬

>> 亨特张　说防范

间喷薄出来。

可惜，丁某不再能够消受这迷人的夜了。

回想起最早些的时候，丁某之所以爱上美容院，喜欢上夜间活动，正是一次轻松的美容院一夜游，他轻松地从窗外翻了进来，那么容易，似乎是专门为他安了一扇门，一扇生活的门。

得知美丽的美容院不仅外观美丽，而且"门槛低"，容易进，丁某自此对美容院爱不释手，三天两头地光顾，从朝阳到海淀，从丰台到东城，他夜里的行踪遍布北京城，他对美容院的关照也写满了自己的道德日记。

■ 事主辨认被盗衣物

公司"内鬼"盗财物开无本买卖
民警抽丝剥茧 "内鬼"现原形

利用库房管理漏洞，盗窃公司货物，细水长流一年偷走数十万，为了销赃方便，租赁柜台，专门销赃。海淀分局中关村大街民警经缜密侦查，细致工作，蹲守一周，最终将公司内盗"蛀虫"抓获。

2012年4月10日，海淀区某卖场商户老板李先生报案称，自己在某卖场代理某品牌电子产品，从去年七八月份起公司的库房每隔几天就莫名其妙的少几样东西，但因为公司每日流水数万元，事主便以为自己记错了，所以并没有太在意，谁知道东西却越丢越多。4月10日，有人发现在另一商场内的一专柜内出售的商品与自己丢失的商品种类及型号基本都一样，而该专柜与自己公司并无任何业务往来，于是就到海淀中关村大街派出所报案。

接到报案后，警方经过对公司库房现场勘查，发现库房的门锁没有任何被撬的痕迹，便推断应该是一起内盗作案，很有可能是公司员工内外勾结作案。为了人赃并获，摸清盗窃嫌疑人的作案规律及销赃渠道，民警并没有急于对销赃的专柜人员进行传唤，而是调取了该库房的监控录像，在录像中发现有一名形迹可疑的男子，每隔几天就会进入公司库房一次，每次进出都会随身携带一个黑色的背包，民警认定该"背包男"有重大嫌疑，并且有再次作案的可能，于是民警在该公司库房加强蹲守。

4月18日,"背包男"再次出现在库房,在将自己的背包装满后匆匆离开。而这一切,民警都看在了眼里,为查清其销赃渠,民警紧跟其后。"背包男"离开库房后来到另一电子卖场,从包内拿出偷来的键盘、鼠标等电子产品交给销赃专柜的一男子,看到抓捕时机已到,民警迅速出击,将盗窃嫌疑人张某及销赃嫌疑人一同抓获,经过对"背包男"的辨认,事主李先生认出该人竟然是他公司的员工张某,而销赃专柜内,摆满了张某从公司库房偷来的物品。

在中关村大街派出所,盗窃嫌疑人张某交代,作为公司员工,他发现该公司库房的库管经常会因为忙其他的事情而不能看管库房,因为一时的贪念,便利用库管不在的时候进行盗窃。为了将盗窃来的电子产品进行销赃变现,其又专门打电话将堂弟从老家叫到北京,在另一卖场租赁了一个专柜,专门销售其从公司库房盗窃来的产品。在一年的时间里偷盗物品价值数十万元。

聪明反被聪明误 可笑
才出拘留所又进看守所 活该

"飞檐走壁"盗窃财物，案发后"自投"拘留所。海淀警方历时十日，抓获了这名自作聪明的嫌疑人。

10月26日，在海淀区魏公村某大厦五楼经营体育俱乐部的张某报案称，其店内价值300多万的古玩首饰在一夜之间被盗。接报后，海淀警方立即组织十余名精干警力成立专案组，奔赴现场开展工作。

通过初期查看大厦监控影像，并结合现场勘查的结果，侦查员推断嫌疑人是从大厦一层窗户翻入楼道，并经由楼道前往八层天台，随后从天台下到五层撬窗入室，作案后继续沿绳索下降至地面逃离。"我们觉得不会有人会从外面爬到五楼，所以一般只是把窗户锁好就行了，而没安装护栏之类的措施。没想到还真有人从外面钻进来了。"意外的张某连连摇头。

"嫌疑人具有较好的身体素质，熟悉俱乐部情况，很有可能是内部人员。"侦查员将嫌疑人的特征分析出来后，一方面继续扩展视频侦查，对现场周边监控录像进行调取，另一方面对俱乐部员工进行走访询问，排查可疑人员。通过组织走访以及辨认监控，侦查员将注意力集中在曾经在该俱乐部工作过的钟某身上。钟某身体较好，行动灵活，并且已经离职，其嫌疑大幅上升。

但是，侦查员经调查，却意外地发现钟某在案发当日凌晨因酒后寻衅滋事被行政拘留10日，看似并不具备作案条件。然而专案组经过反复研究案情及嫌疑人特点，并结合事主对监控影像的进一步辨认，认为钟某有重大嫌疑。针对钟某已经被拘留的情况，侦查员并未直接提审，一面联系拘留所正常开展工作。

11月5日，行政拘留执行完毕的钟某前脚刚走出拘留所，后脚便再次被等候的侦查员带走。钟某自认为已经高枕无忧，明显没有预料到警方还会在拘留所门前一直候着自己，审查不到半小时，便交代了其盗窃俱乐部古玩的犯罪事实。

据钟某交代，自己为了"追求刺激"，利用曾在该俱乐部工作、熟悉环境的便利，趁夜攀爬行窃。令人哭笑不得的是，钟某为了摆脱嫌疑，作案后将赃物藏匿在附近的公园里，便故意酒后滋事被拘留，以证明自己不在场。然而在侦查员的连日工作和缜密审查下，钟某的这些小聪明最终变成了作茧自缚。随后警方将钟某盗窃的赃物起获。

刚刚走出拘留所的钟某不得不又走进看守所。

门店、单位盗窃

海淀警方抓获 盗窃服装店团伙

卖场装有安检门却仍频遭盗窃，嫌疑人巧施手段瞒天过海。近日，海淀警方打掉一个专以服装店为目标的盗窃团伙，抓获犯罪嫌疑人10名。

3月7日18时许，中关村大街派出所便衣探组的民警正在中关村某商场外围巡逻，突然发现三名男子正从商场内向停放在路边的一辆黑色轿车上急匆匆地搬运各种大包，他们慌张的神色和可疑的形迹引起了经验丰富的探长老曹的注意，"这伙人说不定与最近服装店被盗的案子有关，注意跟住他们。"老曹迅速部署组员开展工作。

民警们不动声色地跟着三名男子返回商场的服装卖场，发现他们趁店员和其他顾客不注意，正在相互掩护，将店内售卖的服装装进了随身携带的大包内。随后，三人没有走向收银台结账，而是径直穿过了卖场的安检门向外走去，奇怪的是安检门却并没有报警，眼瞅着三人就要从商场出去，民警立即将三人抓获。

经过初步审讯，三名嫌疑人承认了他们先后于3月4日及3月7日两次在服装店的盗窃行为，同时向警方交代了在朝阳区北皋一小区内的其他同伙。

根据嫌疑人供述，海淀警方会同市局相关单位，于3月8日凌晨赶到朝阳北皋，在其暂住地将其他7名嫌疑人抓获，现场起获大量衣物和防盗纽扣，同时还有几个奇怪的纸袋和旅行包。

"这些纸袋和旅行包就是导致安检门不报警的秘密。"老曹说着,将纸袋的夹层拨开,里面竟是厚厚一层特殊的纸。"嫌疑人对这些旅行包和手提袋进行改造,在夹层里都放入了这种特殊材质的纸,是为了躲避卖场安检门的扫描。"老曹揭露了报警器不会"叫"的秘密。

经审查,该团伙以这种作案手段,多次分头针对服装店实施盗窃行为,并将盗窃来的衣物销往外地转卖。民警在嫌疑人的暂住地起获被盗衣物630余件,价值20余万元。

警方提示,在卖场超市的安保中,不能过分依赖"物防"、"技防",还应当将"人防"措施组织到位。对于手提破旧纸袋、大型旅行包等明显异于普通顾客的人,安保人员应提高警惕,主动上前查看,一旦发现可疑情况立即报警,防止不法分子瞒天过海。

MENDIAN DANWEI DAOQIE 门店、单位盗窃

张惠颁正在布控抓捕嫌疑人

贪心窃贼四十八小时后落网

  窃贼一晚盗窃五十多部手机，民警沿街走访两公里四十多家门店，通过连续奋战四十八小时，一举抓获这名盗窃手机嫌疑人。

  11月5日一大早，海淀分局西北旺派出所接到某购物中心打来的报警电话，称自己商场丢失大量物品。接警后西北旺派出所社区

民警来警官等人立刻赶到现场，被盗的物品有五十多部手机和四十多件衣服，这些都是购物中心专营店内的库存货物。

通过调取现场的监控录像民警发现，当天凌晨12点半，一名男子进入该购物中心，在长达三个小时中，反复进出多达7次，并且该嫌疑人离开40分钟后推着一辆三轮车再次返回，在购物中心附近将一些物品放到了三轮车上，随后再次离开。民警判断该人有重大作案嫌疑，并从离开的时间上来看，该犯罪嫌疑人的住处应该离村子不远。

通过查看监控录像民警很快就找到了一位和嫌疑人身体相似男子。

之后民警将监控录像的画面截图打印，沿着嫌疑人离开的方向开始沿街走访调查。在走访了两公里四十多家门店后，有人认出画面上的男子似乎是附近一个物流公司的员工刘某。

随后民警来到了该物流公司，经过查找员工登记与监控录像比对，确定物流公司员工刘某就是画面中的犯罪嫌疑人，民警当即将刘某控制，并在其居住地起获被盗的58部手机。在西北旺派出所刘某交代了，5日凌晨他上完网回暂住地的路上，发现购物中心一个卷帘门没有放下，便临时起意实施盗窃，他从这个没锁的大门钻进购物中心分七次盗窃走了五十多部手机及四十多件衣服，他还没有来得及将盗来的手机销赃就被民警抓获了。

民警清点赃物

神探提示

◎ 经营者在管理店铺时，最好在店中安装监控探头，以便于经营者从多种视角更好地观察到店内人员的一举一动。就算店铺发生盗窃案件，凭借监控视频也能够看清嫌疑人的相貌特征。这也为警方能够抓住盗贼提供了有力的证据。

◎ 经营者应该对店内员工进行定期培训，提高防范意识。由于很多门店面积不大，空间小，经营者视线范围小，尤其是在顾客多的时候，员工提供服务的同时，要提高警惕，记住锁好自家收银机放好手机，多多注意店内人和物。

◎ 单位内部加强管理，实行人员身份信息登记制度、值班制度。

>> 亨特张 说防范

神探说防范 街头诈骗

随着市场经济的不断发展，人、财、物的流动性日益增强，侵财案件也越来越多。在多发性侵财案件中，街头诈骗案件是较为常见的一类。

所谓街头诈骗，是指发生在街面或商业场所等地，针对不特定受害人所实施的以非法手段骗取群众钱财的诈骗活动。这类案件的最大特点就是作案人员与受害人互不相识，在某一街区路段"偶然"相遇，进而发生钱物关系并最终导致被害人上当受骗。

此类案件中，被害人群涉及各个阶层，从目不识丁的农民到学识丰富的大学教授，各类人群都有。

街头诈骗案件的特点

>> 案发时间分析

不同城市不同地区的街头诈骗案件发案时间规律不同，需要根据当地的实际情况，对诈骗犯罪进行阶段性的分析，虽然在时间上看，此类案件的案发时间随意性比较大，但个别类型的案件依然有规律可循，如"看病消灾"类案件多选择居民外出较为集中的上午10时左右。

>> 案件易发地点

街面或商业场所，大型商圈、医院、长途车站和公园等人流较为集中的地点。交通便利的居民小区、街道和市场、金融网点附近也容易发生此类案件。

>> 作案人分析

从警方近年来破获的街头诈骗案件来看，此类案件的嫌疑人大多为流窜作案，而且是来自相同地区或省份的人员。这种共同特征表现为来自同一地区的犯罪分子的诈骗犯罪手法或种类较为相似。就北京市而言，目前发现的诈骗案件中，人员特点主要表现为，利用封建迷信看病、算命、看相等破财消灾的调包法实施诈骗的人员主要集中在几个省份。而以秘鲁币冒充欧元等进行诈骗的主要为另外一个区域的人群。

此外，在此类案件中，作案人常常是结伙作案，分工配合。一般为3～5人，多为同一个地区人员结合，部分成员有亲属关系，并且都能言善辩。而且犯罪分子常常是流窜作案。

>> 手段分析

当前街头诈骗的犯罪手段多种多样，花样不断翻新，但归纳起来主要有以下几种：

◎ **利用封建迷信进行诈骗。** 犯罪嫌疑人主动贴靠被害人，假装看病、算卦，以能给受害人消灾为名骗取钱财。

◎ **捡钱分钱诈骗**。犯罪分子一般三人以上组成诈骗搭档，他们事先经过周密策划，选择在银行、邮局或医院等群众易携带大量现金的场所物色对象。骗子选择的作案对象一般以中老年人为主，并且女性居多，先在银行内窥探单身存、取大量现金的人，然后尾随跟踪到路边或汽车站附近或僻静路段，预设圈套。总的说来，整个诈骗过程分为六步：即"掉、捡、分、缠、调、溜"。除了现金外，假金项链、假金戒指等贵重金银首饰也成为骗子们惯用的行骗"道具"。

◎ **设局聚赌诈骗**。在车上、街头、旅馆或其他公共场所，以扑克、象棋、铁瓜子、套红绿铅笔、套杯子等设局，利用人们的赌博心理进行诈骗。这种骗术，往往有五六个人搭配进行诈骗，俗称连档模子。行骗时一人设置赌局，旁边几个"托"参赌。利用从众心理，当事主看到别人赢钱心动一起参与时，开始先让事主小赢一点，然后再骗光事主口袋里的钱财。

◎ **古玩型诈骗**。这类诈骗主要利用人们想挣钱的心理，多以邮票、铜钱、古董、古币等古物为诱饵。作案者一般3～4人，一人充当卖主，几人扮演买主或者证明人。以出土的"金元宝"、"金佛"进行诈骗为例。骗子捧假的"金元宝"、"金佛"在街头拦截单身独行的妇女或老人，向你讲述如何在建筑工地做工时挖出的经过，这时，一名胸前挂"银行职工"的人恰好从你身旁走过，被诈骗分子拦住，"银行职工"在对"金元宝"等物进行认真的"鉴定"后，认为真货无疑，并当场邀约你一起把"宝物"买下转手即可发财，于是你便会把身上的现金和真金戒指、项链全部取下，并从银行取出巨额现金一起交给了诈骗分子。

◎ **外币诈骗**。犯罪分子在公共场合用假外币或秘鲁币、越南币等低汇率或已作废的币种,冒充美元或英镑,兑换人民币进行诈骗。一般一人假装以出交通事故急需用钱,身上没有人民币,只携带了大量外币为由,一名同伙冒充国家工作人员假装与其兑换外币,另一名同伙冒充银行工作人员对外币进行鉴定,以钱不够等理由骗受害人拿钱出来一起兑换外币获利,从而达到诈骗的目的。融资融券、兑换股票的诈骗方式和手段与上述诈骗手段极为相似。

>> 骗子对受害人的心理把握

骗子骗术虽然高明,但只要增强心理防范意识,相信天上不会掉馅儿饼,相信科学,破除封建迷信,坚决不贪意外之财,不滥用同情心,再"精明"的骗子也无法得逞。骗子之所以能够得逞,归根结底,还是利用了受害人的特定心理。

以利相诱

尽管人们都明白"天上不会掉馅儿饼",但当骗子将诱饵抛到面前时,还是有人会被"馅儿饼"搞昏头,因而以利相诱的骗术最有"市场"。其常见的案例包括:喝易拉罐饮料中"大奖",假手机冒当高档手机,利用一些人对外币缺乏常识低价兑换外币骗钱,用假冒"贵重"药品诱骗人们高价购买等。

危言耸听

骗子利用一些人怕事或者迷信的心理,称其有病或是有灾,需要花钱化解,从而骗取那些"病急乱投医"者的钱财。"老中医"

治病是此类骗术中最常见的一种，几个骗子合伙诱骗急于治病的人去找"老中医"，然后出钱治病消灾。亲友在外"患病"也是一种常见的行骗手法。此类骗子诱骗出行者说出家中电话，然后偷偷给出行者家打电话，以出行者的朋友自称，说出行者在旅途中患病或受伤、生命垂危，让其家人汇款至他提供的账户以便救急。

骗取同情

骗子编造一些"不幸的遭遇"，骗得好心人的同情以获取钱财。如街上常见的寻亲不遇需要钱回家、假扮经济困难的大学生寻求救助等。同类的还有出车祸急需现金、"出差被偷"、"出门被骗"、亲友"病重"无钱医治等。这种骗子一般举止文明、彬彬有礼，更具有迷惑性。

冒充"熟人"

此类"熟人"并非真正的熟人，而是见面时间不长便显得与你很熟悉的那种人。他们多表现得非常热情，获取你的信任后作案逃逸。一些骗子"请"你吃饭，萍水相逢便"一见如故"，吃饭时却借机逃脱，还会从饭店带走比较贵重的财物，将付账的任务留给你。代亲友"接人"，作案地点多在车站、港口，骗子看准那些出站后东张西望的旅客，以接站为名骗取信任，并趁旅客无防备时，提着行李趁机溜走。办公室"找人"的骗子则自称是办公室某个工作人员的熟人，在办公室内乱转寻找机会作案。

JIETOU ZHAPIAN　街头诈骗

大师量指算命 专挑老年人下手

遇上"五台山第二十九代弟子",声称只要量一下手指的长度就能知道未来的运势,相信这事要是大多数人碰上都不会相信。可如果周围的人都开始惊呼"活神仙"算命灵验,就算不要钱大伙还纷纷塞钱的时候,您是不是也会想试一试呢?

>> 路遇"活神仙"量指算命

2011年8月31日上午,冯女士面容疲惫地从北医三院住院部走了出来。照顾了一夜才做完手术没几天的女儿,冯女士打算先回家做点好吃的给孩子补一补。

刚刚走到医院外的便道上,冯女士就看见一群人围在路边。"真灵啊!您算得可太准了!"人群中不时发出啧啧赞叹。也许是因为太累了,冯女士并不打算理会,她放慢脚步准备从这群人的身边走过去。

就在这时,一个陌生男子忽然挡住了冯女士的去路。"大姐,这可真是个活神仙啊,算命太准了,还不要钱呢。"男子指着人群中的一个身穿道士服饰的男子,啧啧称奇,"大姐,您也去看看吧,反正不要钱。"

看到这么多路人都在惊叹道士是"活神仙",而且又有人告诉自己"活神仙"算命还不要钱。一股强烈的好奇心让冯女士不由自主地挤进了人群中间。

冯女士看到，人群中，一个身穿黄色道士服装的男子，似乎是在比画着什么，从穿着打扮上来看，和电视武侠剧里的茅山道士一样，颇有些仙风道骨的感觉。在道士的脚下，一张被透明塑料膜盖着的纸上写着，"五台山第二十九代弟子免费量指算命"。只见道士托起一位年轻女子的左手，用小皮尺量了一量后，伸出一个大拇指开始比画起来。虽然看不清道士比画的是什么东西，但不一会儿的工夫，女子就捂住嘴，满脸震惊地大呼起来。"真是活神仙啊，算得太准了！"

这时，冯女士才发现，原来道士是个哑巴，不能说话，只能靠手势与大家交流。"太可惜了，这么一位高人竟然是个哑巴。"冯女士低头思忖。

只见道士从怀里的布袋中掏出一个玉佛挂坠，递给了算命的青年女子。女子一边接过挂坠，一边掏出200元大钞往道士怀里塞。可道士一直摆手不肯收下，在一旁围观的几个热心人看不过去了，纷纷和道士说："你就收下吧，人家小姑娘的一点心意！不收让人家也过意不去啊。"就这样，道士才勉为其难地把200元现金放进了怀里的布袋中。

刚刚还半信半疑的冯女士，看到这一幕后，开始和身旁的人一起，感叹起道士是个好人，不肯收钱，是真有本事的活神仙了。

>> 他人怂恿冯女士中招

就在这时，一位路人拉住了冯女士的胳膊，"大姐，轮到你了。你也算一下吧。"

冯女士想,反正道士也不收钱,大伙又都在夸道士算得准,自己试一试又何妨呢。

冯女士扯了扯衣襟,略有点紧张地走到了道士跟前。道士笑着和她点了点头,托起她的左手来,用皮尺挨个量了一下,然后又横竖两下把冯女士的手掌量了一下。头一回看到有人用皮尺算命,冯女士觉得十分新奇。

只见道士闭起双目,脑袋晃了几下,又拿右手大拇指在其他几个指头上来回掐算了一番。随后,道士指了指自己的胸口,又指了指冯女士,然后伸出一个大拇指,似乎是在说冯女士心好。最终,道士也从布袋里掏出一个佛像玉坠,又用一张写着字的纸包上,毕恭毕敬地用双手交给了冯女士。

冯女士赶紧接过纸包,正准备打开时道士一把按住了冯女士的手,神色紧张地摇了摇手。比画着示意冯女士回家后等晚上再打开

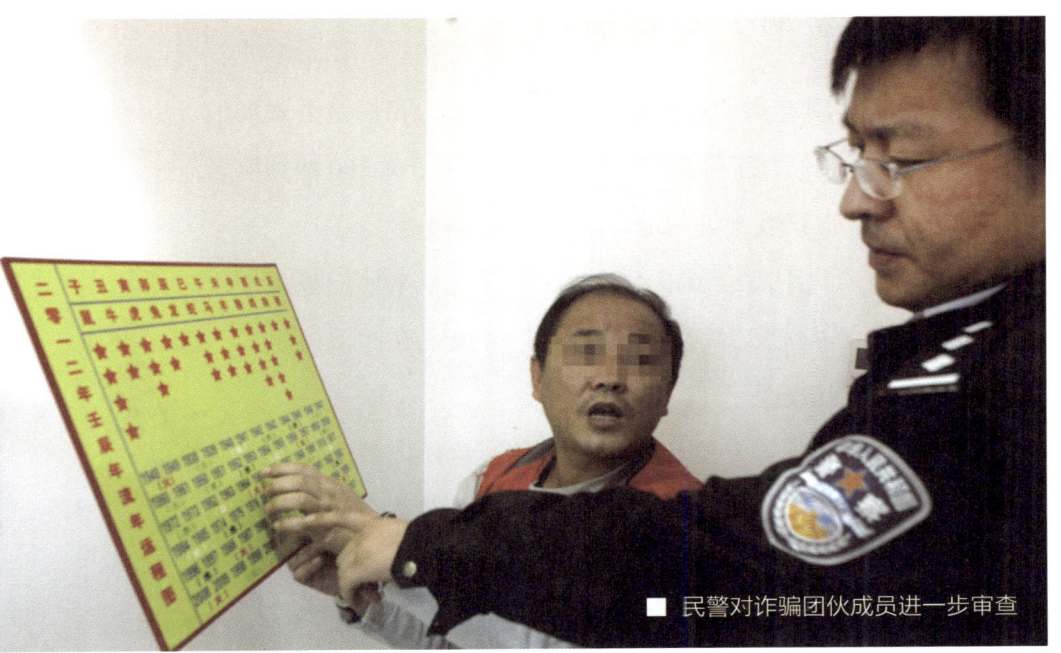

■ 民警对诈骗团伙成员进一步审查

观看。眼见道士算完命，冯女士说了声"谢谢"准备退回到人群时，一旁的一个路人说话了。

"大姐，您看人算命挺准的，你前面那个小姑娘都给了200块钱，虽然他说自己不要钱，但我觉得你好歹也应该给人家表示一下嘛。""对对对，说得是，给点钱才灵呢！"围在身边的几个路人你一言我一语的，反而让本来不打算给钱的冯女士觉得脸上有些发烫，感到不好意思了。

冯女士犹豫再三，怕大伙又要说她，只好从兜里掏出了100元钱，递给了这位哑巴道士。就在道士接过钱的时候，"警察！都别动！"忽然在人群中，不知谁喊了这样一声，冯女士也吓得不敢动了。只见不知是从哪儿冒出来的一群人，将道士还有刚刚算命的女孩和几个怂恿冯女士试一试和给钱的人全都给抓住了。

>> 神探现身骗子悉数落网

这时，张惠领走到了冯女士身旁，"大姐，我们是公安局的，这是一伙骗子。我们盯了好久了，刚刚是不是骗了你100块钱啊？"老张指着道士，向冯女士询问道。

"对对对，我刚刚给了道士100块钱呢，原来他们都是一伙的啊！"冯女士立马恍然大悟，懊恼地说，"女儿在医院做手术，我这也是一着急就乱投医了。"

老张告诉冯女士，从今天一大早开始，这伙人就先后在双榆树地区的过街天桥上、双安商场门前等地方以免费算命为名，再通过几个"托儿"伪装成围观群众，不断煽动路人，使大家不明就里地前来算命，还"自愿"掏钱。

老张说，这伙人警惕性很高，算完几个后，就赶紧收摊换下一个地方。一旁假扮路人的同伙，还时不时地帮忙盯着四周，发现有不对劲的地方就赶紧让大家离开。老张和便衣探组的成员一路跟着他们到了北医三院门前，并最终将其抓获。随后，团伙五名成员被民警带回派出所。

在派出所，老张发现，"道士"布袋里的佛像，根本就是一掰就碎的玻璃片，用来包佛像的小纸片上则印有不同的尺寸，上面分别写着各种不同的命运，这伙人就是用这个来给算命人消弭灾祸。

>> 哑巴道士最终开口说话

在审讯室里，这位自称是"五台山第二十九代弟子"的"活神仙"竟坐在椅子上紧闭双目，摆出一副"打坐参禅"的架势来，任凭老张如何问话，他始终就是不理会。

"难道他真是哑巴？"老张对此有些怀疑，他上前拍了拍"活神仙"的肩膀，"活神仙"这才睁开双眼看着老张。他拿手指了指自己的嘴巴，咿咿呀呀地示意老张自己是个哑巴，就是不肯说出自己的名字。

不知道嫌疑人的身份，这就不好处理了。老张让同事接着审讯"活神仙"，自己则去一旁的审讯室里讯问其他几个违法人员了。老张发现，其他四人中，有两人是亲兄弟，都姓田。老张脑海里立即灵光一现，来到看着最老实的弟弟田某所在的审讯室里。

"那个道士是个哑巴？"老张装作心不在焉地问道。

"是，他是个哑巴。"田某低下头，眼神中似乎有些闪烁不定。经验丰富的老张一眼就看出这里面肯定有文章。

但老张并没有急于追问下去，先是东拉西扯地和田某聊了很多其他问题，忽然老张话锋一转，"你和你哥都姓田，那个道士平时怎么称呼你们啊？"

"他叫我小田，叫我哥大田。"田某显然没明白老张的用意，随口这么一说，结果让老张发现了破绽。

"哑巴能说话吗？他怎么叫你小田的！"老张双眉紧皱，容不得田某思索，忽然抛出了破绽所在。

"这个……这个……唉！"田某一拍大腿，"好，我都说，我都交代，他不是哑巴，他叫王老五，今年62岁……"随后，田某像竹筒倒豆子一般，将"活神仙"的情况抖了个底儿掉。

老张悄悄来到"活神仙"所在的审讯室，打开门时老张忽然喊出一句："王老五！"刚刚还比画着自己听不见、不会说话的哑巴，忽然转过身看了一眼老张。然后，"活神仙"自己也意识到自己的把戏装不下去了。最终，他把自己和这伙人一起如何骗人钱财的手法一股脑儿地说了出来。

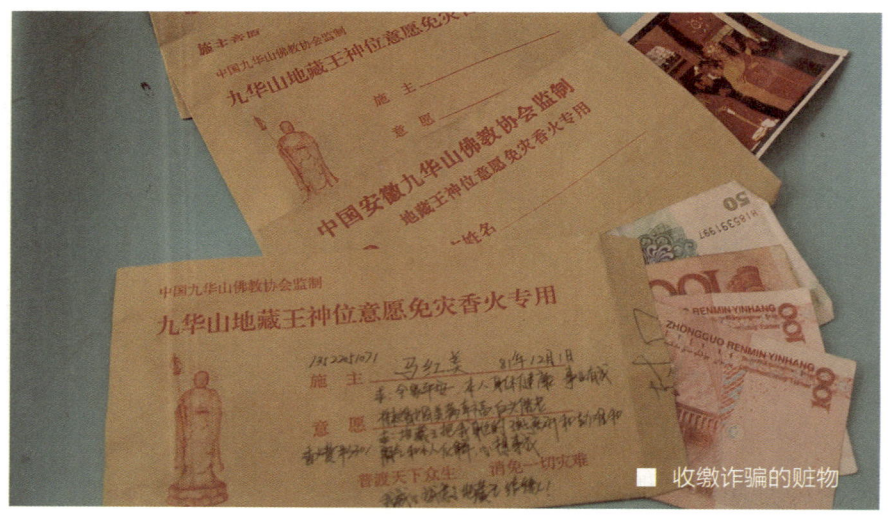

■ 收缴诈骗的赃物

JIETOU ZHAPIAN 街头诈骗

假"僧人"量指算命 海淀神探揭露真相

诈骗团伙被警方控制

　　除了冒充假道士，街头假"僧人"量指算命的骗局如今也已成为大家需要防范的对象。在马路上，如果身穿僧袍赠送佛牌索要的所谓和尚和尼姑，您可能已经习以为常不会理会，但如果是一圈人设局请君入瓮的话，您就得留个心眼了。

　　2012年5月9日上午9点，双榆树派出所便衣民警老张和往常一样，身穿着便衣走上街头，在自己的辖区中巡逻设伏。

很快，双安商场东侧人行天桥的一个不正常的现象引起了老张的注意，只见桥上聚集了一伙人，其中被围住的一人正在比画着什么。

老张凭着老便衣民警的直觉判断，眼前的这群人肯定有问题，于是拿出自己随身携带的小 DV，跟着人流悄悄地靠了过去。

靠近之后，老张发现这个之前被围住的人，身穿着一身僧衣，手中拿着软尺子正在为一位老大妈测量掌长，而且地上还铺着一张写有"哑巴量指算命，来自五台山第十八代弟子"等字样的纸张。

凭借着自己多年的经验，老张立刻判断出这是一个假借算命为掩护的诈骗嫌疑人，一般这种诈骗都是团伙作案。为了能够确认该嫌疑人是否存在同伙，便悄悄地对这名嫌疑人进行调查。

很快这位嫌疑人就离开了天桥沿着北三环向东走去。每当经过公交车站、立交桥下、过街天桥上等地点时，该嫌疑人都会停下来，为过往路人"算命"，经过三个小时的调查，老张就发现，每次犯罪嫌疑人开始算命时，诈骗嫌疑人周围都会出现三女两男，其中一名男子站在不远处望风，其余四人围绕着"僧人"问这问那。

由此老张断定，这是一个由六名嫌疑人组成的诈骗团伙，随即着手准备实施抓捕。就在这伙诈骗嫌疑人来到蓟门桥附近的一个人行天桥上，准备再次作案时，被早已等候多时的老张和他的队员一举抓获。

在双榆树派出所，身穿僧袍的犯罪嫌疑人于某承认了自己会同其他五名嫌疑人一起，假借量指算命为由进行诈骗的犯罪事实。

"神医"遇"神探"
诈骗"娘子军"落网海淀

由三名女子组成的诈骗团伙，打着"神医"的旗号，利用老人破财消灾的心理，在海淀双榆树地区伺机诈骗，然而令她们没想到的是，在这里遇到了被称为海淀分局"街头神探"的张惠领，结果这个"娘子军"诈骗团伙成员被"神探"一一擒获。

>> 神医用电脑看病 声称"非典"药方出自神医

"这仨女的真是鬼话连篇吓唬人。""当时我听到自己的女儿有灾时，我就蒙了，把我手中仅有的1800元和自己的所有首饰都给了她们。""老听说咱双榆树派出所的老张抓贼厉害，真是名不虚传。"这是刚刚被骗家住双榆树的李大妈在双榆树派出所说的一席话。李大妈一面向民警表达感激之情，一面向民警唠叨着自己被骗的经过。

原来，2007年5月25日上午10点左右，72岁的李大妈刚从早市买完菜，在回家的路上，遇到一30多岁的长发中年妇女上前问及，是否知道附近住着一个神医陈大夫，希望找他给老家的丈夫治疗糖尿病。李大妈告之并不知道这附近有神医，可中年妇女坚持神医就住在附近，这时，一个有着40多岁的妇女凑到她俩面前，自称认识神医，称这神医用高科技的电脑给人看病，2003年发生的"非典"

就是用这神医的药方才被控制住的。并热情地表示能带她们去就诊，三人边走边聊着家中的琐事，李大妈毫无戒备地把最近家里发生的事都说了出来。当走进一小区时，那40多岁的妇女对着迎面走来的一短发女子说道："小张，你爷爷在家吗，这两人是我的亲戚，都想找你爷爷看病。"那小张面露难色，说她爷爷现在不愿给人看病，只能问问再说，临走前，她让三人等着，说完便走进了一栋楼，过了十分钟，小张出来了，没想到他竟说出了李大妈家中的基本情况，包括家里最近出的事，李大妈一下就蒙了。小张又说神医爷爷用电脑测出，最近李大妈的闺女要出车祸，必须到四川峨眉山拜神破解，如果去不了，用人民币让她爷爷破解也行，越多越好，李大妈说自己手里只有1000多元，小张说"钱不能太少，用其他值钱的东西也行"，李大妈忙说我回去找找看，临走时小张反复叮嘱李大妈"这事谁都不能告诉，否则就不灵验了"。李大妈满口答应。半个小时后，李大妈拿着一个提兜回来了，见到小张将包交给了她，还说"只有1800多块钱，但是有七八件首饰和两块手表（其中一块是欧米伽手表）"。小张接过包说，这事包在她爷爷身上了，但在三天之内对谁都不能提及此事，否则就破解不了了。随后便消失在人群中。然而，就在此时一位便衣民警将李大妈拉进了警车，他就是张惠领，老张告诉她刚才的那三个女的是骗子，此时的李大妈还半信半疑，直到派出所才如梦方醒。

>> "神探"早市盯上骗子团伙

那老张是怎么发现这伙人的呢？原来今年5月13日早上6点多，张惠领带领探组在双榆树一早市巡逻，巡逻中老张发现有三名女子形迹可疑，她们三人时而在一起嘀咕，时而分散专找早市上买菜的老太太搭腔，有时还来回换衣服、戴帽子、打太阳伞，职业的敏感使老张顿时警惕起来，他断定这三人有问题，通过询问与那三个女子搭过话的老太太，果然不出所料，老太太们都说这三女子是找神医的。随后，老张迅速部署其他民警暗中进行跟踪，上午10点多其中一个女子与一大妈攀谈了起来，后来就出现了与李大妈类似的事情。这位大妈从银行取了1万多元跟其中一名女子来见神医，可是由于这位大妈声称只有见到神医才给钱，最终没有被骗成。三名女子离开后，老张一面派人跟踪，一面将没被骗成的大妈带回所里取证。

三人离开后上了一辆公交车，民警也上了车，老张则在车后驾车紧跟，经过2个多小时的跟踪，老张找到了这三人在丰台扣村的暂住地，老张判断这三人没有得手肯定会再出来的，然而一连十多天未见三人有异常活动，为了获得直接的证据，老张也一直按兵不动，暗中监视。直到5月25日三人再次来到双榆树对李大妈进行诈骗，老张才指挥民警迅速将三人抓获。

经审查，三人对诈骗李大妈一事供认不讳，均为湖北来京人员，由于在京没有固定职业，手头一直拮据，于是就一起商量干起了神医诈骗的勾当。她们在作案中，对回家取钱的事主采取跟踪的方式，观察事主的一举一动，一方面看事主是否真的取钱。另一方可以及时发现事主是否报警，为了不让事主发现，她们三人来回地换衣服、戴帽子、打雨伞。然而她们却没想到，"螳螂捕蝉，黄雀在后"，最终没有逃出民警的眼睛。

>> 亨特张 说防范

街头猜瓜子 8人被抓获

在公交车站、过街天桥设局请君入瓮,以猜瓜子的骗局骗取路人钱财,伺机还抢夺他人财物。2012年年底,海淀警方就破获了一起街头猜瓜子的诈骗、抢劫案件,抓获犯罪嫌疑人8名。

12月22日上午,家住双泉堡附近的刘女士在等候公交车时,被车站里一番热闹的景象吸引住了。只见一群人蹲坐在车站里,用瓜子、小碟和木板做道具,玩起了猜瓜子的赌局。眼见着不少人猜中赢了好几百块,一旁的刘女士也忍不住凑了过来。在众人的起哄声中,不一会儿的工夫她便输光了身上数百元的现金。

正在刘女士自认倒霉准备收手不赌时,一名"旁观者"又提醒她可以把身上的首饰做赌注再赌一把。正在这时,另外一名参与赌博的女子毫不犹豫地取下了金戒指下注,把之前输掉的现金都赢了

下注

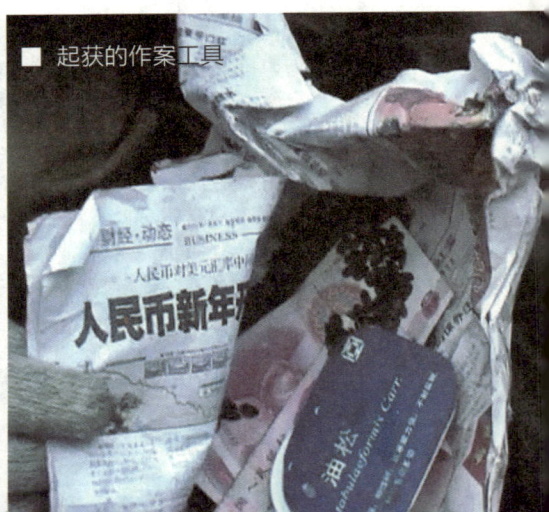

起获的作案工具

回来。看到这一幕，刘女士决定取下金耳环来再赌上一把。由于耳环不易摘取，她便请旁边围观的一名男子帮忙取下。结果男子刚取下耳环撒腿就跑，刘女士立即追赶，又被一名热心路人拦了下来。路人不停安抚刘女士的心情，还掏出手机来称帮她报案。但一眨眼的工夫，热心路人也不见了踪迹，刘女士才发现自己上了这群人的连环套了。从赌局的围观者到起哄的人，再到抢耳环和热心的路人，都是这伙人"客串"表演的。心急如焚的刘女士急忙报警。

海淀刑侦支队便衣队接警后，立即展开调查。侦查员先后调取了案发地周边的监控录像，对嫌疑人的体貌特征进行分析，并发现这个猜瓜子的团伙一般都是在早上选择公交车站和过街天桥作案。于是侦查员加大了对三环沿线周边重点地区的蹲守力度。功夫不负有心人，2013年1月7日上午7点左右，侦查员冒着雪在300路公交车站蹲守时发现了两名体貌特征与监控录像相符的嫌疑人，为一网打尽，侦查员一边请求警力支援，一方面跟踪两名嫌疑人，后一直跟随至东三环双井桥附近时，团伙其他成员也逐渐聚齐，侦查员发现这正是寻找的犯罪团伙，眼看着这伙人又摆起了瓜子招呼着过往路人，便衣队员迅速出击，8名嫌疑人全部被抓获。

经审查嫌疑人交代，他们平时都散居在北京各地，都是通过朋友介绍加入团伙。他们都选择在早上人流较多的公交车站、过街天桥摆摊设局，诈骗他人钱财。遇到露富的事主，他们就伺机抢走财物。

> 警方提醒市民，遇到此类情况一定不要围观参与，不要贪小便宜而吃大亏。如果发现此类情况，一定要及时报警。

>> 亨特张 说防范

海淀警方周密部署细致工作
打掉谎称能制作手机监听卡诈骗团伙

"您想监听他人的通话内容吗？没问题！只要您交几千元，我来帮您制作手机监听卡！"近日，一个在网络上发布帖子，谎称能够制作手机监听卡，监听他人通话内容的犯罪团伙被海淀警方一举打掉。2012年5月16日，侦查员带着胜利的喜悦将刘某、彭某、钟某三人顺利押解回京。这是北京警方今年首次打掉假冒能制作手机监听卡的诈骗团伙。

2012年3月11日，海淀刑侦支队接到事主雷先生报案称：其受朋友委托和一条制作手机卡监听对方通话内容的短信息联系，对方称能够按照事主提供的手机号并通过制作新手机卡添加监听功能达到监听对方的通话内容。事主雷先生信以为真，就向对方提供的邮政储蓄卡内汇款1000元定金。之后对方又以手机卡已经制作成功要求事主交纳8800元费用，于是雷先生又向嫌疑人提供的工商银行卡内汇款8800元。过了几天后，雷先生一直也没有收到对方所称的"手机监听卡"，再与对方联系时，对方手机已处于关机状态。这时，事主雷先生才恍然大悟，发现被骗后并及时报案。

接案后，海淀刑侦支队立即组成专案组开展侦破工作，侦查员对案情进行分析后认为：该案是一起典型的通过网络发布虚假的手机信息诱使事主被诈骗的案件，嫌疑人以能够制作监听对方电话的手机卡为诱饵诱使事主上当受骗，等事主汇出大量现金后迅速将联系电话关闭消失，从而达到诈骗钱财的目的。

经查，发现事主雷先生汇入该账号的 8800 元人民币，于 2012 年 3 月 11 日跨行在湖南省长沙市的浦发银行 ATM 机上被人取走。于是侦查员立即前往犯罪嫌疑人取款地湖南省长沙市开展侦查工作。侦查员迅速调取了取款人的监控录像，发现取款人为 20 多岁的一男子，随后，侦查员对该地区进行了大量的走访摸排，并最终锁定了嫌疑人所住小区。

2012 年 5 月 10 日上午 11 时许，侦查员在小区门口以及附近的银行蹲守时发现犯罪嫌疑人戴一蓝色帽子到农业银行取款，侦查员立即将其抓获。经审查，该犯罪嫌疑人钟某，其交代一年来其伙同刘某、彭某三人以制作手机卡监听对方通话内容为名实施诈骗多起，现犯罪嫌疑人刘某、彭某就在暂住地休息，在钟某的带领下，侦查员立即前往该地将屋内的刘某、彭某抓获。并在其家中共起获其他诈骗案件所用的银行卡 20 张，电脑主机一台，联想牌笔记本电脑一台，手机六部，手机卡十五张，无线宽带网卡一个，现金 4 万元等物品。

经讯问，刘某等三名嫌疑人对多次谎称能制作手机监听卡诈骗的违法犯罪事实供认不讳。现已查实，三人作案时分工明确，该犯罪团伙的头目为刘某，由刘某出资购买作案工具（电脑、银行卡、手机卡）、租房子，由钟某负责取钱，彭某负责网上发帖子与事主沟通和接电话。据彭某交代，有些事主一直不肯寄钱，他们就直接给事主打电话，威胁去找事主，有的事主就怕了，把钱寄给他们，这些事主也知道监听他人电话是违法的，所以不敢投案。

>> 亨特张 说防范

手机模型当手机 专骗贪图便宜人

"大姐,要手机吗?便宜!"

"大哥,看看吧,好手机,便宜!"

只见两名男子沿着路边,一边探头探脑、遮遮掩掩、鬼鬼祟祟,一边贴上来往的行人,低声嘀咕着。在国家图书馆门口西侧公交车站处,这两名男子终于搭上了一名二十出头的小伙子。几人一番言语,小伙子一手掏出几张百元大钞,一手接过一个"手机",随后,分道扬镳。这一切都被侦查员看在眼里。"抓!"老张一声令下,早已守候多时的民警将这几人控制。

11月的一天,老张在巡逻中发现两名形迹可疑的男子,他们一边走一边来回张望,并不时向来往行人身边靠,嘴里嘟囔着什么。老张当即判断这几人可疑,并暗中观察。当跟踪这两名男子到国家图书馆门口西侧公交车站时,老张发现这几名男子正在和一个二十出头的男青年一边嘀咕,一边不停摆弄一部手机。不一会儿,这名男青年从身上掏出几百块钱递给这伙可疑人员,同时接过一部"手机"。随后,男青年离开,那几名可疑男子走上天桥,到马路对面。

为了不打草惊蛇,更进一步掌握情况,老张不动声色地靠近正在公交车站等车的男青年,看似不经意地递给男青年一张"警民联系卡",并说:"您好,我是海淀分局民警,你有可能被骗了!"谁知男青年一听这话,撒腿就跑。张惠领一个箭步上去,拉住男青年的手,掏出警官证说:"这是我的证件,你看看你刚买的手机,我们怀疑你被骗子骗了!"这时,男青年才似乎醒悟过来,忙掏出手机一看,哪里还是什么高档手机,根本就是个什么也不能用的手机模型!民警随即展开行动,将街对面的两名可疑男子抓获。

直到将被骗男青年和犯罪嫌疑人带回派出所进一步工作时,被骗男青年还醒不过"闷"儿来:"我看得好好的,也试得好好的,怎么就成了手机壳了呢?"据嫌疑人交代,他们主要选择年轻人、老人下手,先以极低的价钱引起事主的注意,谈好价钱后,让事主试机,待事主确定要买时,嫌疑人会以把自己手机卡取出来,或者这里不安全,换个地方交易等方式,暗中调包,用手机模型换回真手机。这时事主大多不会注意到手机已经被调包,嫌疑人拿到钱后,也迅速离开。

"250块钱,买一部两三千的手机,你一点也没有怀疑吗?"民警问受骗男青年。

"那几个人告诉我,手机是偷的,我就相信了……"男青年支吾着说。

"如果是偷的就更不能买了,这是违法的,你知道吗!"

这名男青年低下了头……

>> 亨特张 说防范

骗子夫妻坐公交用游戏币
马路上假手机换真手机

夫妻搭档联手诈骗手机，假iphone骗来真手机，更令人想不到的是这两人坐公交车用的竟是游戏币。

5月的一天下午2点多，张惠领带领着他的便衣探组在华星影院门前进行便衣巡逻。突然，老张发现了一女子形迹可疑，这俩专门找路过的年轻女子或中小学生进行搭讪，而且一直不停地说着什么。开始，老张以为她是推销商品的。但随后一了解，原来这个女的在借过路人的手机用。再仔细观察，发现在其附近还有一名男子老跟着这名女子。

根据经验老张判断，这两人应该是一伙的，可能是在以借手机打电话为名对过路的群众进行诈骗。于是老张立刻要求附近的几名便衣队员死死地盯住他俩。一个多小时过去了，这两人一直未得手。

4点多，那名女子与一个身穿着校服的中学生搭上了腔。那名女子一脸愁容称家人出了车祸，自己的手机没电了，急与家人联系，并希望借用该名男生的手机。但是看起来这名男生不是很相信自己的话，于是该女子称，要是不相信可以用自己的"iPhone"手机作为抵押，放在男生这儿。然而当这名男生将自己的手机刚递到那名女子的手里时，旁边的那名男子立刻出面，假装向男生问路，遮挡

JIETOU ZHAPIAN 街头诈骗

其视线，而此时那名女子拿着那个学生的手机则趁机钻上天桥穿过了三环路准备逃跑。

时机成熟了。老张下令立刻行动，便衣队员兵分两路对着两名犯罪嫌疑人进行抓捕。那名女子刚刚跨上了公交车，就被紧跟其后的便衣队员抓获。而那个男骗子也被戴上了手铐。从两人身上当场起获4部苹果手机模型及不明来历的手机卡5张。同时民警还在两人身上查获数十枚游戏币，两人交代这些游戏币是乘坐公交车用的。

经审查，该男子姓靖，而那名女子则是他的妻子陈某，两人交代，作案时两人分工明确，由陈某向事主谎称自己手机没电了，现有急事要借用电话，如果事主不同意就将手机模型作抵押来取得事主信任，而其丈夫见到妻子得手后，便迅速上前以问路为名掩护妻子逃跑进行诈骗的全部犯罪过程。

根据两人交代，民警随后又在两人租住的旅馆内查获手机模型10余部，来历不明的真手机5部。据两人交代，在来京的短短几天时间内，两人利用借打电话为名诈骗10余起。

起获的诈骗赃物

>> 亨特张 说防范

神探提示

这种诈骗手段并不高明，一般人很容易揭穿其阴谋。但为何还是有人上当？原因在于犯罪分子善于针对老年人这一特定群体，利用受害人比较迷信、特别关心亲人后辈等心理特点，只要找准目标，往往极易得手，成功率相对较高。"算命先生"、"大仙"、"巫师"等骗子利用人们求仙拜佛保健康，破财消灾保平安的迷信心理，扮成一副大慈大悲救世主的模样，表面说可为问卜者破财消灾，指点迷津，实际上，是在以心攻心的"吓唬"中，造成问卜者心理上的恐慌，随后乖乖拿钱财消灾。

咱们要相信科学，封建迷信是违反科学的，一旦发现所谓的"仙人"要求自己拿钱消灾，应想办法稳住他，然后向公安机关报警。

◎ 遇有陌生人与你搭讪时，要保持足够的警惕性。不要轻易将家中有人生病或家中子女的具体情况透露给陌生人，以防止被人套话利用，让你感觉到他能"未卜先知"，从而让其达到迷惑你的目的。

◎ 老年人平时要多接触外界信息，以了解辖区的社会新闻、治安动态。

▪ 张惠领和辖区居民交流

◎ 家中年轻一辈要关心长辈，将民警提示传达给家中每一个人，尤其是中老年妇女，要求提高警惕，不要随意相信陌生路人，更不要将财产交给他人。

此外，当您在街头遇见陌生人向您借手机打电话时一定要提高警惕，您愿意帮助别人，也尽量让对方报出号码，由您来拨号、接通，手机尽量不要离手。

不要购买街头以"积压"、"处理"为名，向您推销的所谓"便宜"手机、相机、笔记本等物品，更不能买来路不明的物品。根据刑法三百一十二条的相关规定，明知是犯罪所得及其产生的收益而予以窝藏、转移、收购、代为销售或以其他方式掩饰、隐瞒的，处三年以下有期徒刑、拘役或者管制，并处或者单处罚金。

>> 亨特张 说防范

神探说防范 盗窃自行车、摩托车

随着社会经济的发展，机动车的保有量也随之增加，但随着交通拥堵和绿色环保出行理念的推广，自行车、电动车等小型交通工具以其价廉物美、轻便、灵巧、避堵等特点，成为广大群众青睐的出行交通工具之一。再加上如今自行车健身运动的风靡，高档运动型自行车的价值也呈现一路上扬的趋势。

我国号称自行车王国，目前仅自行车的保有量就已达到 4.7 亿辆，电动自行车 5000 万辆。根据一项公开的数据抽样调查显示，近几年来全国每年被盗自行车近 400 万辆，其中电动自行车 70 万辆，经济损失超过 20 亿元。仅从媒体公开报道当中，以武汉市为例，在 2004 年开展连续 3 个多月的打击盗窃自行车专项行动中，警方共破获盗窃自行车案件 1321 起，收缴被盗和来历不明的自行车 2678 辆。共抓获 931 名犯罪嫌疑人，平均每天抓了 10 名偷车贼。

盗窃自行车案件的主要特点

>> 案发时间

11 时至 16 时、19 时至 22 时两个时段和夜间发案最多。

盗窃自行车、摩托车

>> 案发地点

盗窃自行车、电动车案件在城市特别是城市中心城区易发，居民区、商业区、餐饮店、娱乐场所为案件高发地区。进出检查不严、管理不善、无人看管的居民住宅区、大学校园及中小学校附近常常成为不法分子频频"光顾"的地点。

>> 作案人特征

◎ 作案人集中在20～35岁之间，而且呈现低龄化趋势发展。团伙化作案明显，盗窃、销售产业链的形成，使得团伙作案成为盗窃自行车犯罪的基本方式。

◎ 通过逆向推导，可以很明确地看出，社会上流行什么款式的自行车，不法分子就容易盯上此款自行车。这主要是为了在盗窃自行车后能够及时转卖销赃，相对其他车款转卖价格较高更能牟取暴利。而且新车最容易成为窃贼下手的目标。

◎ 作案呈现专业化趋势，职业型盗窃分子越来越多，由见到什么偷什么发展到专门化，有专偷公路赛车的，有专偷折叠车的，而且呈现出盗销一条龙服务，组织化趋势明显。而且，作案工具的专业化也成为一大趋势，从最初的简单暴力撬锁，到专门购买开锁工具，甚至是直接采用汽车搬走运输盗窃自行车。

>> 亨特张 说防范

"瞒天过海"偷车 民警全程"陪同"

■虽然天气十分寒冷，但如果一伙人走在大街上用口罩、衣帽等物品将自己的面部遮挡，而且相互之间又在有所交流，那么他们就有躲避监控的可能。但是这样的做法反而有些欲盖弥彰，所以老张能够一眼就发现这样的可疑情况。

中关村东路的傍晚，拥堵的车流，熙攘的人流，一切看上去都同平日无异。两名男子正从中科院研究生院推着自行车向外走，几个小伙子突然从四周将他们团团围住，不由分说便将他们摁倒在地……这不是街头群殴，更不是在拍电影，而是海淀公安便衣民警抓获盗窃自行车嫌疑人的现场。

2010年12月27日下午3点，正在街头便衣巡逻的双榆树派出所探长老张准备回单位办事。这时，两名年轻男子进入了老张的视线。只见一名男子戴着黑色口罩，另一男子用兜帽将头部裹得严严的，二人在街边缓缓地徘徊着，不时低头交流，似乎在等待着什么。在一般人眼里，这两名男子似乎没有什么异于常人的地方，然而，有着丰富打扒经验的老张立即意识到，二人穿戴严实，行动鬼祟，绝非善类，他立即通知各便衣同事："目标出现，注意跟踪！"

盗窃自行车、摩托车

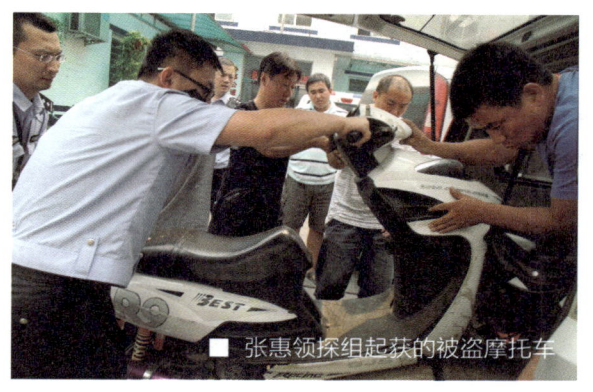
张惠领探组起获的被盗摩托车

由于不知道两名男子的目标是什么,老张只能在暗处严密监视着他们。两名男子在街边徘徊了一个多小时,期间不时回头张望,当他们经过中科院研究生院的自行车棚外时,目光便一直停留在棚子内的自行车上,脚步也明显放慢了,他们低头交流了几句,又四处观望了一番,最后快步走进研究生院里。然而他们不知道的是,刚才两人这些"小动作",已全部被老张看在了眼里,老张此时也明白了,二人要对自行车下手了。他安排了几名便衣尾随二人进入院内,自己和其他人则在院门口设伏。

5点多,天色已经暗了下来,在院门口等待多时的老张终于看到,两名男子每人推着一辆自行车向外走去,而一直跟踪的便衣探员已经向老张发出信号,老张立即下令:"动手!"俩名嫌疑人还没有作出反应,便被民警们牢牢摁在了地上。同时,民警从二人身上起获出了作案用的自制改锥以及针对不同锁芯的各类锥头,从"一"字形到"十"字形一应俱全,有的锥头已经出现了明显的磨损。

经审讯,两名嫌疑人李某和董某是同乡亲戚,二人来京找工作未果,便动起了盗窃自行车的歪脑筋,其中一人利用自制的工具撬锁偷车,另一人负责在周围掩护放哨,二人在中科院研究生院内车棚交替盗窃了两辆山地自行车后,正准备溜之大吉,不料却被全程跟踪的民警一举拿下。

>> 亨特张 说防范

神探"亨特张" 打掉盗销摩托车团伙

腰别电台身背工具包,可再"专业"的盗车团伙最终还是栽倒在神探"亨特张"手里。张惠领打掉一个盗窃摩托车的犯罪团伙,起获被盗摩托车三辆和电台、电钻、液压钳等大量作案工具。

8月的一天清晨5点,正带着巡逻队员在早市设伏的张惠领,接到辖区一位李先生打来的求助电话,称他刚刚花2万多元购买的雅马哈摩托车被偷了,并发现摩托车正处于东四环附近,李先生和朋友打车正赶往东四环。

得知这一情况后,张惠领立刻开车带着巡逻队员向东四环与李先生会合,同时通知派出所值班民警进行支援。通过调取案发现场的监控录像,发现凌晨3点左右有一辆白色小面来到小区路边,下来四个人,一会儿四个人将一辆黑色摩托车推到小面上开车离开。

6点多,张惠领他们一路跟踪到了通州区某大杂院附近,院里停放了好几辆摩托车,通过事主李先生辨认确定了他被盗的摩托车就停在大杂院中一个偏僻的地方。

张惠领在大杂院里进行了走访,得知前两天刚搬进来李某等四名男子,该四人经常昼伏夜出,其体貌特征与当天盗窃李先生摩托车的四人十分相似。

DAOQIE ZIXINGCHE MOTUOCHE 盗窃自行车、摩托车

在派出所支援警力赶到后，展开抓捕行动，将正在睡梦中的李某等四名嫌疑人控制。在四人的暂住地，民警起获了电台、电钻、液压钳、打火器等大量作案工具，并成功追回了李先生被盗的雅马哈摩托车和另外两辆被盗的R9摩托车。

在派出所，李某等四人交代了作案过程，他们凌晨开车到处转，专门找摩托车下手盗窃，作案时四个人用电台联系，随身携带工具开不同车锁，盗窃成功后将摩托车运回通州暂住地，再通过网络将摩托车卖掉。

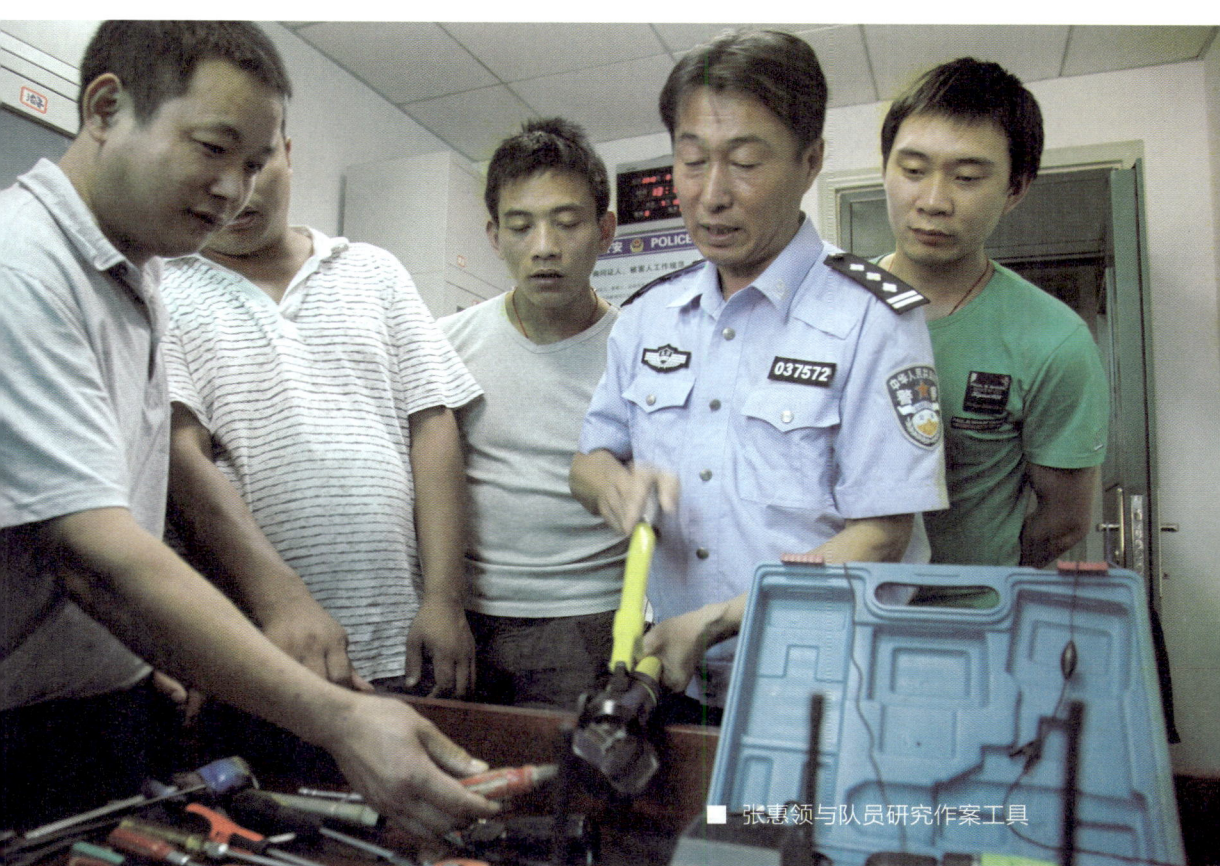
■ 张惠领与队员研究作案工具

>> 亨特张 说防范

海淀警方 10 余小时破获
摩托车系列盗窃案

　　光天化日下路边交易赃车，细心民警发现蛛丝马迹，连续奋战10余小时，连夜奔波二百余公里，抓获五名涉案嫌疑人。近日，海淀警方通报，经过连续奋战，成功打掉一盗销摩托车的犯罪团伙。

　　3月11日16时许，海淀公安分局西北旺派出所便衣民警在巡逻时发现，三名青年男子在韩家川路边低头商量着什么，神情十分可疑。其中一名男青年还不时摆弄着旁边停靠的一辆摩托车。出于职业习惯，民警突然有了这样一个念头，"会不会是在交易摩托车？"便衣民警小心地走上前，有意无意瞅了一眼摩托车，细心的民警就发现该摩托车的钥匙门有被破坏过的痕迹。民警随即亮出了警官证，问三人所交易的摩托车的来源，三人支支吾吾说不清楚。民警随即将三人带回派出所。

　　派出所内，前来买车的男子刘某交代称，是在网上看到有销售摩托车的信息，觉得价格与车型挺合适，就与张氏兄弟联系要求购买。而张氏兄弟俩则交代摩托车是刚收来的，而且价格比市场价便宜一倍多，两人已经从卖家那里买了三次车，摩托车可能是偷来的。

　　随后民警与这位卖家联系，当晚8点多，民警带着张氏兄弟到达了预定的交易地点，不大一会儿，就有两名年轻人分别骑着摩托车来

盗窃自行车、摩托车

到了交易地点。民警当场将嫌疑人樊某和黄某抓获。

当晚9点，在西北旺派出所的讯问室内，嫌疑人黄某承认，他们曾先后在丰

抓捕嫌疑人

台、海淀、朝阳三个区盗窃过三辆摩托车。而樊某也承认了参与盗窃摩托车的行为，同时还交代了此案的第三名同伙成员。

案件又有了突破口，忙活了一整晚的民警顾不上吃口饭，就又出发了，前往第三名同伙的住处。在该人在朝阳区的暂住地，将正在睡觉的杨某抓获。

再次回到派出所时，已经是次日凌晨2点了，经过进一步的讯问，犯罪嫌疑人杨某、樊某、黄某交代了曾先后在丰台、海淀、朝阳等地盗窃摩托车20余起，后将盗窃来的摩托车，发布在网上寻找买家进行销赃。据交代，一辆摩托车能卖几百到一千多块钱不等，而赃款已经全部被三人挥霍一空。审讯过程中，三人的手机闹铃不约而同地响了起来，原来三人已经约定好，准备当天凌晨再次去盗窃摩托车，没想到却一同"约"进了派出所。

目前，张氏兄弟因涉嫌掩饰、隐瞒犯罪所得罪；黄某、樊某、杨某因涉嫌盗窃罪已被海淀分局刑事拘留，案件正在进一步审理过程中。

>> 亨特张 说防范

海淀警方破获系列盗窃摩托车案

嫌疑人不仅盗窃事主摩托车，还贪心不足拿着事主的银行卡取款。海淀警方寻线追踪，多方走访，一举将盗窃嫌疑人汪某与购买赃车的张某抓获。

2012年7月18日，家住世纪城某小区的谭某来到海淀分局曙光派出所报案称，其于7月17日晚，将价值3000余元的白色雅马哈摩托车停放在小区楼下，因一时疏忽，只将摩托车的电子锁锁上了，未加锁U型锁，第二天一早发现摩托车被盗了，同时被盗的还有摩托车储物箱中的本人身份证、银行卡等物品。民警随即走访了小区保安并调取了小区监控录像，但由于天黑，录像未能反映出嫌疑人的明显特征。就在民警苦寻破案线索时，事主又向民警反映了一条信息，其被盗的银行卡曾在某银行的ATM机上操作过，由于密码不对，银行卡被锁死了，民警立刻赶赴该银行网点，提取了犯罪嫌疑人的图像。经过近一个月的排查走访，最终锁定了嫌疑人就是在附近一理发店当小工的汪某。

2012年8月17日上午，当曙光派出所的民警出现在汪某的面前时，故作镇定的汪某还百般抵赖，但当民警从其住处起获了被盗摩托车、事主的身份证、银行卡等赃物及专门用于盗窃摩托车的作案工具时，汪某煞白的脸上立刻渗出了汗珠。经过审查，汪某向警

DAOQIE ZIXINGCHE MOTUOCHE 盗窃自行车、摩托车

方交代了7月17日盗窃摩托车的犯罪事实，另外还交代了从2011年4月至2012年7月间，曾先后9次在北京多个小区内盗窃摩托车并在网上发布出售摩托车的信息，向他人销赃。民警随后根据汪某的供述，又将从汪某处购买赃车的张某抓获归案，从张某处又起获被盗摩托车一辆。

目前，嫌疑人汪某因涉嫌盗窃罪被海淀警方刑事拘留，张某因收购有赃物嫌疑的物品被行政拘留。此案还在进一步审理中。

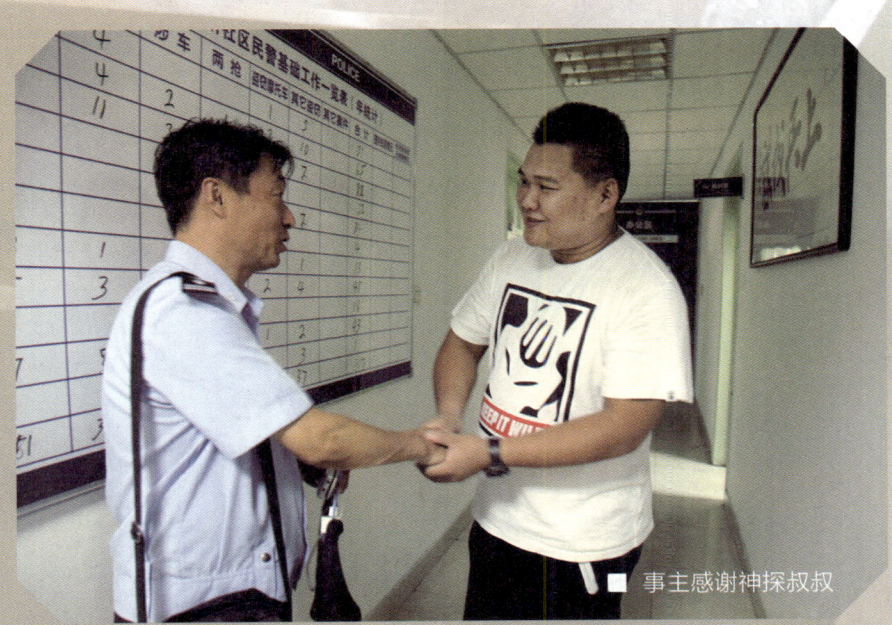

■ 事主感谢神探叔叔

>> 亨特张 说防范

神探提示

骑自行车、电动车、摩托车的朋友：

◎ 请将车存放在有人看管的存车处，不要贪图省事放在楼下或马路边。

◎ 如果条件允许可以安装GPS定位器，加强自己爱车的安全性。

◎ 为了延长盗车人的作案时间，每辆车配两把车锁。同时使用两种类型的车锁其防范效果一般不是简单的叠加，因偷车贼也并非一定各类工具携带齐全。一般可配防撬车锁一把锁后轮，钢丝锁一把锁前轮。停车即用，养成习惯。

◎ 链条挂锁法。按正常办法锁好后，可在车链条上锁一把较为坚固的挂锁。锁柄要从链条孔中插入，使挂锁在链条上不能滑动，如果车锁被撬开了，有链条上的挂锁卡住链条，自行车无法正常使用，盗车人无法将车骑走。链条上挂锁，因无撑点，不易被撬被砸，且较为隐蔽。

神探说防范 "碰瓷儿"

"碰瓷儿",泛指一些投机取巧,敲诈勒索的行为。"碰瓷儿"一词的来源,相传最早起源于清代,"碰瓷儿"是清朝末年的一些没落的八旗子弟"发明"的。这些人平日里手捧一件看似名贵的赝品瓷器,在闹市街巷游走。然后趁机让行使的马车不小心"碰"他一下,他手中的瓷器随即落地摔碎,于是瓷器的主人就"义正词严"地缠住车主按名贵瓷器的价格给予赔偿。

随着社会发展而不断演化,"碰瓷儿"的花样不断地翻新。一般操此种手法的骗子,均具有吸引路人驻足、与陌生人攀谈的本领。这种招数的表现手法有很多,汽车刮倒人、碰人、轧脚等形式已经屡见不鲜。如今,又出现了刻意在停车场寻找高档轿车后,在车主不易发现的位置放置箱子,箱子里装着已经破碎的易碎品,只要车主一碰到箱子,"碰瓷儿"的作案人便会上前"索赔"。

现代的"碰瓷儿"多呈现团伙作案的趋势,而作案工具也已经多样化,由破瓷碗改成了眼镜、手表、手机以及废旧的手提电脑等物。如敲诈不成,甚至会对事主进行殴打并转化成抢劫、抢夺,严重地侵犯了公民的生命、财产安全。

>> 亨特张 说防范

"碰瓷儿"的时空特点

>> 时间特征

中午、晚间路面交警较少时。

>> 地点特征

交通拥挤、人流量多且无监控探头的十字路口或丁字路段，大型商圈的停车场等一般车速不快的地方，而且不法分子偏爱选择没有交警执勤的路面作案。

>> 作案人特征

"碰瓷儿"的人有单枪匹马干的，但更多是团伙作案。分为几组人联手作案，各组的分工细致。通常分三组，一组负责制造事端，一组负责出面拦车，一组负责装作"和事佬"促使双方私了。

>> 侵害对象特征

"碰瓷儿"特别喜欢针对中高档车、女性司机、外来车辆及违章车辆作案。中高档车车主经济条件好，大多抱有破财消灾的心理；女性车主遇到突发事件容易慌张、害怕；外地车初来乍到，人生地不熟，大多会抱息事宁人的心态。"碰瓷儿"对象一般都是一些好车，因为开这类车的人经济条件都比较好，容易"敲竹杠"。一旦遇上被碰的人赶着去办事、开会的，最容易得手，因为这些人为了赶时间，等不了交警来处理，所以只好花钱消灾。

>> 作案手段揭秘

◎ 人碰车

"碰瓷儿"的人大多骑自行车或步行，趁车辆靠边、倒车、掉头时机，找机会去撞车，把握好可以不受伤，或者受轻伤，或者伪装受伤。

◎ 车碰车

会事先在车上做手脚，或者拿本来就有故障的车去"碰瓷儿"。有时为了获得暴利，也会使用豪车作为作案工具。

◎ 物碰车

除了上面提及的在停车场车辆隐蔽位置放置物品外，还出现了很多新的花样。有的用"宠物"当托，将低价购来的小猫小狗等宠物趁司机不注意的时候故意扔到车轮下，谎称宠物被汽车轧死，当成名贵宠物向车主索要高额赔偿金。

>> 如何鉴别"碰瓷儿"人

◎ 突然而来、不期而至，在众多从你车经过的行人和车辆中，只有他能够和你相遇，而其他的都能安然经过。

◎ 无病呻吟、小伤大嚷，以引起围观。

◎ 眼光不敢直视车主，而是旁观四周，看周围人的反应。

◎ 现场出现一批与"碰瓷儿"者相同口音的热心人，希望你送伤者去医院，以破坏现场。

◎ 作案金额："碰瓷儿"一般要求赔偿的金额不高，"碰人"多在500元上下，"碰车"多半在1000元左右。

◎ 碰瓷儿人在"碰瓷儿"时，大多都"欺软怕硬"：遇到怕惹麻烦的驾车人他们比较容易得手，如果遇到一些认真较劲的车友，他们发现捞不到好处，就及时离开。

>> 法条链接 "碰瓷儿" 并非无法律可管

很多人认为，"碰瓷儿"的行为游走在法律的边缘，无法界定，在司法也无法处理。"碰瓷儿"人正是抱着这样的心理频频作案，其实我国相关法律对惩处"碰瓷儿"都有明确规定，因此在遭遇"碰瓷儿"时，不必抱着"花钱人倒霉"的心态草草给钱了事。

"碰瓷儿"属于诈骗违法犯罪的一种表现形式，我国《治安管理处罚法》和《刑法》都对此类案件有相关规定。

《治安管理处罚法》第四十九条规定：盗窃、诈骗、哄抢、抢夺、敲诈勒索或者故意损毁公私财物的，处五日以上十日以下拘留，可以并处五百元以下罚款；情节较重的，处十日以上十五日以下拘留，可以并处一千元以下罚款。

《道路交通安全法》第七十六条第二款规定，"机动车与非机动车驾驶人、行人之间发生交通事故，非机动车驾驶人、行人没有过错的，由机动车一方承担赔偿责任"。

《刑法》第二百六十六条规定：诈骗公私财物，数额较大的，处三年以下有期徒刑、拘役或者管制，并处或者单处罚金；数额巨大或者有其他严重情节的，处三年以上十年以下有期徒刑，并处罚金；数额特别巨大或者有其他特别严重情节的，处十年以上有期徒刑或者无期徒刑，并处罚金或者没收财产。

五人占道"碰瓷儿" 新手被敲六千

>> 亲生女儿当工具 "碰瓷儿"牟利

2009年3月20日晚上6点的西三环拥堵不堪，一辆出租车被三辆警车紧紧"合围"，七八名便衣民警拉开出租车门，车内两对男女和一个小孩被民警控制。随后，民警又将前方行驶着的"红夏利"截住，司机狼狈地下车，抱住脑袋大喊："都是他们干的，我是合法公民！"

至此，"亨特张"带领探组成员经过近半个月设伏，最终打掉了这个专门在小马路占道碰瓷儿的犯罪团伙。

■ "碰瓷儿"比较容易发生的地点一般都位于豪华商圈的停车场出入口、车流量大的十字路口或丁字路口，这些地方车流集中，人流一般也会来往穿梭，能够给车和人触碰的机会。由于车流量很大所以车速并不快，一方面便于作案人有充裕的时间观察车里的司机、车内的情况，挑选作案目标，另外一方面，作案人在这样的路面上作案，由于车速很慢，也不会真给自己带来伤害。

>> "碰瓷儿"团伙露馅儿

3月9日晚上6时左右,一高一矮两名男子在当代商城南侧小马路上来回溜达,有车经过时,二人探头探脑往车里瞅。

走道的路人不看车流,却盯着车里的人看。正在当代商城外面巡逻的张惠领觉得有些可疑。可由于仅仅从这两人的行为中也没法看出什么目的,老张只好谨慎地跟在他们身后,密切地观察起他俩的一举一动。小马路上人来人往,要在这里抢包或者撬砸车玻璃偷东西,除非是愣头青,估计没几个贼有这"胆量"。

仅仅几分钟后,跟在两人身后的老张就发现,小马路上发生了一起交通事故,一名开着丰田汽车的女司机剐蹭了一个小女孩。虽说在繁华的商圈里出现交通事故倒也不是罕见,但看到一下围了这么多人,老张觉得

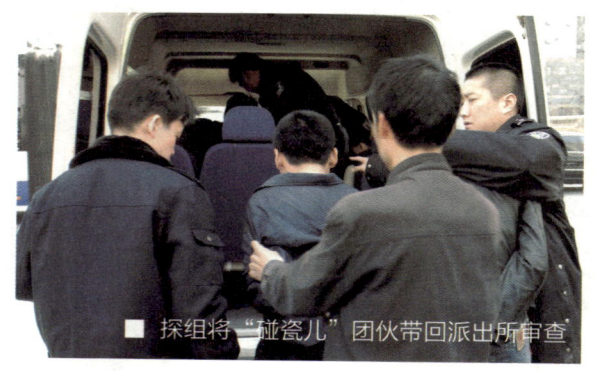

■ 探组将"碰瓷儿"团伙带回派出所审查

■ 发生剐蹭、车祸后,应该及时拍照留证,如果双方决定要快速处理、自行解决的话,可以在留存证据后把车开到路边,在路边协商处理。此案中,作案人直接坐在了车里和女司机协商,一方面协商的过程比较隐蔽,作案人敢于提出自己的非分要求,另外一方面,司机让他们上车的举措,也会给自己的人身财产安全带来隐患。本案中,如果女司机打算自行处理此事时,最好的做法是联系亲友及时赶到现场,协助自己一起处理。碰瓷儿案件中,作案人一般都喜欢寻找一人开车的女性,如果在车上发现"实习"、"新手"等车贴的话,就更容易被这伙人盯上,成为他们的作案目标。

有必要上前查看一下。

老张走进人群中，发现被撞小孩的母亲和姐姐两人，坐在了丰田车里与女司机交涉。此时，老张刚刚还在盯着的高个儿男子，用大拇指指了一下路边，示意身旁的矮个儿男子上路边的红夏利车。

两人进了红夏利就再没有下车，不一会儿，小孩姐姐从丰田车里走出，来到红夏利车边，简单地和车里的两人交谈了几句后，红夏利车开走，"姐姐"等三人坐在女司机的丰田车里也走了。

眼前的一切让张惠领觉得，女司机可能遇上了一个"碰瓷儿"团伙了。于是，他赶紧跑到自己停在路边的巡逻车里，掉头跟了上去。派出所为了方便老张的便衣出探，特意配备了这辆看起来和社会车辆一样的巡逻车。

老张开着巡逻车一路跟踪。最终，红色夏利车在丰台马连道附近居民小区停下。两个小时后，小孩母亲三人也回到小区里。老张经过分析，感觉这两名男子以及女孩的母亲、姐姐共五人是一伙儿的，应该都住在这个小区里。

>> 电子眼显示出"五人方阵"

确定了这五人的暂住地点后，老张又赶紧驱车回到派出所。通过调取当代商城南侧小马路的监测录像，老张还原了事发经过，更加肯定了自己的判断。

录像里清楚显示，在原本不宽敞的马路上，这五人"霸占"了多半条马路。只见两名男子由东向西大摇大摆走路，任凭车辆如何闪灯示意，他们也都视若无睹地继续行走，迫使过往车辆频繁错车。而小孩母亲和姐姐则在马路对面一前一后，与两男子平行，也由东向西走，小孩母亲拉着孩子穿梭在马路上，就增加了与过往车辆的碰撞概率。老张觉得，这伙人很可能想通过这种占道走路的方式贴近过往车辆，伺机"碰瓷儿"。

小女孩和这位年轻女子到底是什么关系呢？这个疑问开始盘旋在老张的脑海之中。在事故现场，女子称小女孩是自己的女儿，可谁会舍得用亲生女儿当作"碰瓷儿"工具呢？万一有个闪失，当母亲的岂不是要后悔一辈子？如果不是母女关系，一个看起来不满5岁的小女孩，为什么会和这个"碰瓷儿"团伙出现在一起？

想到这些，老张心里一阵寒意。作为一位父亲，老张也有一个聪明伶俐的女儿。从小学习舞蹈的女儿是老张的掌上明珠，即使是工作再忙再累，他也会留心女儿的生活，时时刻刻给予女儿作为一名父亲的关爱。

想到这些，老张暗暗下定决心，不管是出于对"碰瓷儿"受害者负责，还是出于对小女孩的关心，他一定要查清楚这个案子，不能让孩子在这样危险的环境下继续生活了。

>> "新手"上路被敲六千

经过进一步调查走访，老张辗转找到了开丰田车的女司机刘女士。

■ "碰瓷儿"作案人如果是团伙作案，一般都是分工十分明确的，有假意接触碰撞汽车的，有专门在路面上并排行走刻意制造路面拥堵的，还有"出事故"后上前假意要求私了的"和事佬"。虽然在作案时，他们会按照各自的分工"各行其是"，但在作案之前和得手之后，他们会立即聚集在一起。如果车主在路面上发现了这样的团伙，就应当留意了。

PENG CI ER "碰瓷儿"

老张亮明身份后，刘女士郁闷地说，自己的确是个新手，刚刚拿到驾照不久。事发时，她听见自己车的右反光镜被碰响了一下，还在纳闷儿时一位年轻女子跑过来，拉开车门坐在后座上。

"你撞了人，还想跑！"小孩母亲满脸的愤怒之情，让刘女士有些手足无措。女子坚持说刘女士车的反光镜撞到了自己的小孩。

事发时刘女士显得十分惊恐和愧疚，她看着坐在自己车里的孩子母亲和姐姐，立即提出带孩子去医院看伤的请求，希望能弥补自己的过失。可小孩的母亲却说医院太远，而且自己的孩子有血液病不能接触X光，拒绝了刘女士善意的请求。

经过一番交涉后，刘女士最终给了小孩母亲6000元现金作为赔偿款，孩子母亲这才带着孩子下车离开。

■ 本案中：女司机在事后也感觉到自己似乎遭遇了碰瓷儿团伙的欺骗，但由于觉得无法证实，所以她本人抱着"销财免灾"的心理没有去深究，而这恰恰就给了犯罪分子更多的作案机会。通过此案，我们应该注意．首先，有必要给车辆安装行车记录仪，一旦发生任何突发事件，行车记录仪中记录的画面会成为重要的证据，帮助车主和警方在事后的调查取证中获取重要线索。此外，如果怀疑自己是遭遇了"碰瓷儿"，而行车记录仪没有记录到相关画面或没有配备，也不应该惊慌，可以冷静下来查看附近路面上是否有监控探头，再报警求助。在对方故意制造混乱争吵不休时，自己也要保持冷静，可以提醒对方这里有监控探头，刚才所有的过程肯定都已经记录在监控视频中，等待警方来到后，自己将按照警察的调查结果承担自己的责任，绝对不会推卸责任。还有，在本案中女司机和"碰瓷儿"者的交涉中，对方以各种理由不去医院检查，而且目标明确地要求司机赔钱。因为"碰瓷儿"作案人的作案目标就是能够骗到车主的钱，很多所谓的受伤也都是装出来的。所以，遇到这样的情况一定要格外留心，最好的办法就是带着他去医院做检查，而不要直接给钱私了。

>> 亨特张 说防范

"事发后我回忆了一下,也感觉可能是遇上碰瓷儿的了,但也不敢肯定。"刘女士耸了耸肩,满脸无奈地和张惠领说,"后来感觉事情过去了也没法证实,就自认倒霉了。没想到您还来找我。"

"放心吧,我一定会调查清楚这件事情,给您一个交代。"老张望着刘女士,用善意的微笑来缓解她的无奈,"事情有结果后,我一定会通知您的。"

■ 本案中,作案人专门摆出这样的"五人方阵",就是要刻意制造能够出现交通事故的机会,车主在驾车时遇到这样的类似情况时,一定要注意留心观察周边路况,检查自己的行车记录仪是否在开启状态。必要时,可以先将车停放在路边,等作案人离开后再驾车。如有必要,也可报警求助。

>> 设伏半月摸清作案规律

在和刘女士了解完事情的详细过程后,为了解开心中的疑惑,老张便和探组成员一起,展开了蹲守工作。

在摸清这五人的暂住地位于丰台马连道某小区居民楼后,一连十几天,老张都一直蹲守在小区。一旦发现这伙人外出,老张就会立即跟上展开调查。

在蹲守中大伙发现,这两男两女和小孩经常在下午四五点钟,乘坐那辆车牌号为京BE2**3的红色夏利车出门。

他们专门选择路面狭窄、路况复杂的小马路停靠,等到晚上6点至8点的下班高峰时段且天擦黑时,就故技重施摆出"五人方阵"的架势伺机"碰瓷儿"。每次看到小女孩被年轻女子拉着走在路上,老张的心就揪了起来。但由于这伙人并未再次作案成功,让老张也觉得十分为难。

>> 团伙内讧 民警收网抓现行

3月20日下午,探组跟着红夏利车来到海淀车道沟南里小马路,另外两路便衣民警驾驶两辆地方车跟踪设伏。

下午4时左右,"五人方阵"在小马路上拉开了架势。让民警意外的是,这次多了一名中年男子,由以往的两名男子变成了三名男子占道走路,而小孩姐姐和母亲仍是在马路对面一前一后,小孩母亲拉着孩子在马路上穿梭。

下午5时30分左右,老张在设伏中发现,一名男司机开着黑色丰田车经过,车与小孩母亲距离很近,小孩母亲拉着孩子往车上蹭,随后,小孩姐姐狂追这辆黑色丰田并强行拉开车门。男司机靠边停车,与小孩母亲等三人交谈起来。随后,男司机驾车离开,几分钟后,红夏利将小孩母亲等三人带离。

■ 张惠领在车中进行跟踪

便衣民警跟踪红夏利车，打算寻找有利抓捕时机。当红夏利行至三环辅路时突然靠边停车，只见车内五个大人发生激烈争吵，一旁的小女孩也在哇哇大哭。红夏利司机独自开车离开驶进三环主路，同时余下的两对男女带着小孩上了一辆出租车也进了三环主路。

眼看这伙人分开，为了不错过抓捕时机，张惠领马上知会在周边设伏的民警，要求迅速支援准备实施抓捕。

晚上6点左右，当出租车由北向南行至西三环航天桥时，便衣民警三辆警车将其紧紧"掐"住，张惠领一声令下，民警们一拥而上将车上嫌疑人控制，随后，民警又将红夏利拦截，至此，5名碰瓷儿嫌疑人全部落网。

>> 亲妈带孩子"碰瓷儿"争吵因分赃不均

探组将5名嫌疑人及小女孩带至双榆树派出所。经过审查，小孩母亲姓赵、姐姐姓闫，夏利司机姓梁，另外两名男子一个姓王，一个姓孙，都是东北老乡。

小女孩今年5岁，真就是赵某的亲生女。经过警方审讯，5人均对"碰瓷儿"敲诈一事供认不讳，同时交代了3月9日在当代商城南侧小马路"碰瓷儿"，敲诈事主6000元一事。

据夏利司机梁某交代，自己平时拉黑活，赵某等人同时包自己的车，平时不但不给油钱，在当代作案的6000元赃款自己只分到200块钱，而赵、闫两人每人分得2800元钱。

20日当天，由于赵某"碰瓷儿"失败，男司机没有给钱，因此赵某提议去鼓楼"碰瓷儿"，梁某嫌远，就跟赵某等人争吵起来。

据赵某交代，作案时，她让梁、王二人占道走路，她带着孩子和闫在马路对面一前一后，闫某在前面选好下手目标后，假装举起手机打电话，她就拉着孩子往车上蹭，同时路窄、人多车多的小马路最好作案。随后，这个团伙还交代了在海淀、丰台两区作案四五起的犯罪事实。最终，看到涉案的6人全部落网，最终小女孩也被民警妥善安置后，老张这才长长地舒了一口气。

>> 亨特张 说防范

神探提示

◎ 及时报警。敲诈者利用的就是司机怕麻烦的心理,认为司机大多会主动息事宁人,不会报警。面对对方的虚张声势,不要惊慌,碰瓷儿者一般求财,不会轻易动手伤人。车主可以声称没有足够的现金、需要朋友带钱过来等方式,尽量拖延时间,通过车上同伴报警,坚持让警方判定责任后再赔付,决不私了。

◎ 行驶至转弯或交通混乱路段时,不要有交通违法行为,以防授人以柄。当确认事故与己无关时,要注意保留好现场证据,特别是想法留住目击证人,切勿私自移动现场。

◎ "谢绝"好心人的调停。心虚的诈骗者更怕路人看穿其中的"猫腻"。而以身碰车的碰瓷儿者经常会假装受伤较重,但又无法看到明显的"新伤"。他们虚构事实的目的,是使被害人产生恐惧心理,以达到索要他人财物的目的,旁边还会出现一些"好事者"、"调解者"煽风点火。

PENG CI ER "碰瓷儿"

◎ 坚持先去医院为伤者检查,报120救护,及时救治且了解真实的伤情。尽量不"私了",保存好事故处理材料,以便将自己可能承担的损失转由保险公司承担。车主可以用相机现场拍照保存证据。

◎ 车辆尽量安装行车记录仪,便于在出现类似情况时,可以留下相关证据。